Thomas Knoche

Management in Konstruktion und Entwicklung

Thomas Knoche

Management in Konstruktion und Entwicklung

Mitarbeiter zur Kreativität führen

Mit 29 Abbildungen

HANSER

Der Autor:

THOMAS KNOCHE ist seit 1991 Geschäftsführer der Knoche & Partner Unternehmensberatung GmbH, Bielefeld mit Schwerpunkt Prozessoptimierung und Schulung von Führungskräften aus E+K

Die Deutsche Bibliothek – CIP-Einheitsaufnahme

Ein Titeldatensatz für diese Publikation ist bei Der Deutschen Bibliothek erhältlich.

ISBN 3-446-21415-1

Dieses Werk ist urheberrechtlich geschützt.
Alle Rechte, auch die der Übersetzung, des Nachdruckes und der Vervielfältigung des Buches oder Teilen daraus, vorbehalten. Kein Teil des Werkes darf ohne schriftliche Genehmigung des Verlages in irgendeiner Form (Fotokopie, Mikrofilm oder einem anderen Verfahren), auch nicht für Zwecke der Unterrichtsgestaltung – mit Ausnahme der in den §§ 53, 54 URG genannten Sonderfälle –, reproduziert oder unter Verwendung elektronischer Systeme verarbeitet, vervielfältigt oder verbreitet werden.

© 2000 Carl Hanser Verlag München Wien
http://www.hanser.de

Druck und Bindung: Druckhaus „Thomas Müntzer" GmbH, Bad Langensalza
Umschlaggestaltung: Parzhuber & Partner GmbH, München
Printed in Germany

Vorwort

Die Produktentwicklungs- und Konstruktionsabteilungen der Produktionsunternehmen sind für das Überleben unseres Standortes maßgeblich. Seit Jahren diskutieren wir über die vermeintliche Standortschwäche von Deutschland und Westeuropa. Es wird viel über Dienstleistung und neue Medien als Rettungsanker gesagt und geschrieben. Dies allein kann es aber nicht sein. Ein Standort wie Deutschland, mit seiner hervorragenden Ausbildungsstruktur, muss sich neben der Erschließung neuer Felder auch auf die Weiterentwicklung der vorhandenen Stärken konzentrieren. Gemeint ist unsere Fähigkeit, Produkte zu erfinden und zu verkaufen. Hier kann die Politik nur wenig tun. Produktionsunternehmen sind und bleiben eine Säule unseres Wirtschaftssystems.

Leider sind wir nach wie vor teurer als der Rest der Welt. Da eine allgemeine Kostenreduzierung nur durch Einbüßung unseres Lebensstandards möglich wäre, gibt es nur einen Weg: Unsere Produkte müssen ihren Preis wert sein. Das heißt, dass der technische Stand – und damit der Kundennutzen – besser sein muss, als der in den Billiglohnländern. Das was mehr kostet, muss auch mehr Nutzen bringen. Darüber hinaus ist der Zeitpunkt der Auslieferung, beziehungsweise Markteinführung, der Produkte eine wertbestimmende Größe. Kunden sind immer bereit, für Schnelligkeit besser zu zahlen. Selbstverständlich sind auch die tatsächlich anfallenden Herstellkosten der Produkte erfolgsbestimmend. Auch wenn wir nicht unter die Preise der billigen Länder fallen können, sind das Preisleistungsverhältnis und unser Profit durch die Herstellkosten bestimmt. Ist der Profit gut, sind wir in der Lage, unsere Produkte mit einem hervorragenden Service zu komplettieren und uns damit wieder vom Wettbewerb abzuheben. Verdienen wir kaum etwas am Produkt, sind wir ausschließlich auf den einkonstruierten technischen Vorteil angewiesen.

Was haben die Entwicklungs- und Konstruktionsabteilungen damit zu tun? Alle drei Erfolgsfaktoren, wie technischer Stand, Lieferzeit und Herstellkosten, werden fast ausschließlich von diesen Abteilungen bestimmt. Zum Beispiel entscheiden sie über den Stand der Technik und damit über den möglichen Kundennutzen der Produkte. Ist die Konstruktion leistungsfähig, wird der Wettbewerb mit Innovationen aus dem Rennen geschlagen. Ist sie das nicht, kauft der Kunde anderswo. Das gleiche gilt für die Lieferzeit. Grundsätzlich sind zwar die Beschaffungszeiten maßgebend für die eigene Lieferzeit beziehungsweise Markteinführung, aber der Zeitpunkt der Produktdefinition und damit der Bestellzeitpunkt werden von den besagten Abteilungen bestimmt. Wann ein Produkt verkauft werden kann hängt also wieder von der Konstruktion und Entwicklung ab. Die Einflussnahme auf die Herstellkosten ist schon seit Jahrzehnten wissenschaftlich bewiesen. Hier geht man von einem 75%igen Anteil an der Kostenfestlegung durch die Konstruktion aus.

Will man also die Erfolgsfaktoren für das Produkt und den Verkauf positiv beeinflussen, setzt man bei der Leistungsfähigkeit der Entwicklung und Konstruktion an. Hier gibt es nur drei Ansatzpunkte: Mensch, Methode und Maschine. Mit der *Maschine* sind aus heutiger Sicht fast ausschließlich das CAD und die übrigen EDV-Werkzeuge gemeint. Sicherlich sind in diesem Bereich laufend Verbesserungen heraus zu holen. Die meisten der betroffenen Abteilungen sind aber auf einem recht aktuellen Stand. Und nicht jedes Update bringt Leistungssteigerungen mit sich. Die *Methode* beschreibt die Art und Weise, wie Informationen zu den Konstrukteuren hin, bei ihnen verarbeitet und von ihnen zu anderen transferiert werden. Die gängigste Organisationsform in der Konstruktion und Entwicklung ist das Projektmanagement. Es eignet sich hier besonders, weil in der Regel komplexe Aufgaben möglichst interdisziplinär bearbeitet werden. Aber auch andere organisatorische Begebenheiten sind für den Erfolg ausschlaggebend. Es ist nicht unwichtig, welche Abteilungen und Abwicklungsprozesse vor der Konstruktion installiert sind. So macht es für einen Anlagenbauer einen Unterschied, ob sein Vertrieb technisch oder kaufmännisch orientiert ist und ob ggf. noch aufbereitende Mitarbeiter zwischen den Kaufleuten und den Technikern sitzen, so dass die kreative Abteilung ihre Aufgaben mundgerecht bekommt oder eben auch nicht. Der Ansatzpunkt *Mensch* ist der wichtigste. Er kann allein und im Zusammenhang mit den technischen Hilfsmitteln und der Organisation betrachtet werden. Es gibt keine Organisationsänderung, die nicht vom Faktor Mensch mit beeinflusst wird. Der Mitarbeiter ist der, der die organisatorischen und technischen Arbeitsmittel zum Leben erweckt oder sterben lässt; egal wie diese aussehen. Will oder kann der Mitarbeiter nicht zielorientiert arbeiten, ist jede Änderung von Organisation vergebliche Liebesmühe.

Hängt unser Standort von den Mitarbeitern der Entwicklung und Konstruktion ab?

Das positive Ergebnis von Produktionsunternehmen hängt sicherlich nicht ausschließlich von diesen Abteilungen ab. Dennoch ist festzustellen, dass das Produkt und seine Varianten den Verkaufserfolg prägen. Und für das Produkt sind nun mal die Entwicklung und die Konstruktion zuständig. Die Leistungsfähigkeit solcher Bereiche wird vom Menschen bestimmt. Der Leiter einer Entwicklung/Konstruktion ist derjenige, der dafür zu sorgen hat, die nötigen Fähigkeiten vorzuhalten und ständig zu optimieren. Er ist verantwortlich für den Erfolg seiner Mitarbeiter. Kann er diesem Anspruch nicht gerecht werden, sind die Arbeitsergebnisse qualitativ schlecht, zu spät und zu teuer. Oft sind die Führungskräfte solcher technischen Abteilungen aus ihnen selbst erwachsen und verfügen in erster Linie über hervorragende Fachkompetenzen. Manchmal werden auch Methoden wie Projektmanagement sehr gut beherrscht. Was allerdings die Wirksamkeit des Konstruktionsleiters ausmacht, sind seine Führungs- und Sozialkompetenz. Und das in ständig zunehmendem Maße. Dabei sind soziale Fähigkeiten genau das, was die Ingenieurschulen nicht vermitteln.

Es ist also mehr als wichtig, dass die Engineering-Manager Mitarbeiterführung erlernen. Hier gelten besondere Gesetze, die beachtet werden müssen. Kennt man diese nicht oder werden sie nicht berücksichtigt, wird jede Optimierungsmaßnahme des Konstruktionsprozesses zum Himmelfahrtskommando. Dann wird an CAD und den Regeln des Projektmanagements herumgedoktert, um wenigstens etwas zu tun.

In den folgenden Kapiteln werden die für eine erfolgreiche Führung von Entwicklungs- und Konstruktionsabteilungen nötigen Werkzeuge, Methoden und Voraussetzungen dargestellt. Auch die innere Haltung, die diese Manager haben sollten, wird diskutiert.

Dieses Buch habe ich für all diejenigen geschrieben, die sich für den Erfolg von Produktentwicklung in Industrieunternehmen stark machen oder interessieren. Ich spreche Sie als Führungskraft einer solchen Produktentwicklungs- oder Konstruktionsabteilung an, auch wenn sie das nicht oder noch nicht sind, sondern dieses Buch vielleicht aus anderen Beweggründen heraus lesen. Jeder der nicht direkt in einer Führungsrolle von Konstruktion und Entwicklung steht, sollte die gemachten Aussagen trotzdem auf sich und seine jetzige Rolle beziehen. Eine allgemein gültige Ansprache aller Zielgruppen während der Ausführungen wäre zu umständlich und würde die Botschaften, die ich zu übermitteln versuche, verkomplizieren. Ich bitte also um Verständnis, dass ich Sie im Laufe dieses Werkes immer nur Führungskraft im Konstruktions- und Entwicklungsbereich nenne.

Ebenso beschränke ich mich bei der Ansprache der Geschlechter auf die männliche Variante. Auch das tue ich aus Bequemlichkeits- und Vereinfachungsgründen. Immer in der Form „Mitarbeiterinnen und Mitarbeiter" zu schreiben ist extrem schwierig und übersichtsraubend.

Ich wünsche dem Leser viel Spaß bei der Lektüre, dem anschließenden Experimentieren und beim erfolgreichen Führen.

Bielefeld, im Juli 2000

Inhalt

Vorwort V

I   Produktentwicklung muss den Mitarbeitern Spaß machen:
    Welche „Spaßfaktoren" sind wichtig? 1
    1   Was ist Kreativität? 3
    2   Motivationen – Welche haben Ihre Mitarbeiter? 5
    3   Was können Sie zum Spaß an der Arbeit beitragen? 7
    4   Lustkiller Papierkram 11
    5   Wann macht die Arbeit Freude? 13

II Konstrukteur ist kein Beruf, sondern Berufung 21
    1   Wer sind Ihre Mitarbeiter? 23
    2   Der typische Konstrukteur 27
    3   Helfen Sie Ihren Mitarbeitern bei der Bewältigung
        der neuen Aufgaben 34

III Neue Anforderungen verlangen neue Fähigkeiten 37
    1   Was müssen Ihre Leute können? 39
    2   Ihre Mitarbeiter müssen ihre Probleme selbst lösen können 44
    3   Die häufigsten Probleme und ihre Lösungen 46

IV Organisationsformen in Konstruktion und Entwicklung 57
    1   Die Organisation muss dem Informationsfluss dienen 59
    2   Welche Organisationsform haben Sie? 60
    3   Die Voraussetzungen für die richtige Organisationsform
        ändern sich ständig 62
    4   Die Qualifikation anderer Abteilungen bestimmt Ihre
        Organisation 63
    5   Projektmanagement als Organisationsform 65
    6   Mitarbeiterentwicklung geht vor Organisieren 68

V	**Das Profil des Konstruktionschefs: Kennen Sie Ihres?**	71
	1 Aufgabenabarbeitung und Prozessverbesserung: Beides Ihre Aufgaben	73
	2 Führungsstile und was man mit ihnen anfangen kann	75
	3 Die Kultur der Abteilung bestimmt Ihren Führungsstil	81
	4 Die Bedürfnisse Ihrer Mitarbeiter	84
	5 Wie ein Lernprozess erfolgreich gesteuert wird	88
	6 Führen heißt: Sich verantwortlich machen	92
VI	**Projektmanagement in der Konstruktion und die Besonderheiten**	95
	1 Die Leitung der Abteilung ist trotz Projektmanagement nötig	98
	2 Prioritäten zwischen den Projekten	99
	3 Der Abteilungsleiter führt selbst Projekte	100
	4 Ihre Rolle ist maßgebend für den Erfolg von Projektmanagement	101
	5 Wie trennt man Projekte vom Liniengeschäft?	103
	6 Abteilungsübergreifende Voraussetzungen für Projektmanagement	105
	7 Der Ablauf eines Projektes	106
	8 Planung und Aufbau eines Projektes	112
	9 Terminplanung von Konstruktionsprojekten	114
	10 Aufgaben des Projektleiters	116
	11 Steuerung von Projekten	121
	12 Sie als Coach sind im Projektmanagement besonders wichtig	126
VII	**Teams waren einmal in Mode: Wann lohnt sich die Teambildung?**	129
	1 Was ist ein Team?	131
	2 Einflusskriterien auf den Erfolg eines Teams	134
	3 Teams sollten Sie nur dann bilden, wenn Sie sie wirklich brauchen	138
	4 Arbeitsgruppen versus Teams	141

VIII Durch Führung die Arbeitsergebnisse revolutionieren 143
1 Das Mitarbeitergespräch: Der Schlüssel zum Erfolg 147
2 Führen mit Zielen in der Konstruktion 156

IX Perspektive der Produktentwicklung: Was machen Sie in zehn Jahren? 161
1 Der Anspruch an den Konstruktionschef wächst weiter 163
2 Nehmen Sie Ihre Rolle an? 167
3 Was ist konkret zu tun? 169

Literaturverzeichnis 175

Der Autor 177

I

PRODUKTENTWICKLUNG MUSS DEN
MITARBEITERN SPASS MACHEN:
WELCHE „SPASSFAKTOREN" SIND WICHTIG?

Wann hatten Sie das letzte Mal so richtig Spaß in Ihrem Beruf? Nur wer selbst Spaß an seinem Beruf hat, kann seine Mitarbeiter zu derselben Freude bewegen. Spaß und Freude an der Arbeit sind die ersten Voraussetzungen für die Effektivität von Arbeitsprozessen. Das gilt besonders für die kreativen Abteilungen wie Konstruktion und Entwicklung.

Ich habe den Beruf des Konstrukteurs gewählt, weil ich kreativ sein wollte. Das war damals der Hauptentscheidungsgrund für die Wahl dieses Jobs. Allerdings stellte ich schon am ersten Tag der tatsächlichen Ausübung des Konstrukteurberufs fest, dass es nicht nur um kreative Gedanken und neue Erfindungen geht, sondern dass es sich bei dieser Aufgabe zu einem Großteil auch um administrative Bearbeitungen von Vorgängen handelt. Das war zunächst einmal eine unangenehme Erfahrung, denn dazu war ich nicht angetreten. Ich wollte etwas erfinden und nicht nur abwickeln. Später jedoch stellte sich heraus, dass es doch einige kreative Elemente im Beruf des Entwicklungsingenieurs gibt. Der Spaß an der Arbeit kam zurück. Ich musste die Zweigleisigkeit der Aufgabenverteilung akzeptieren. Erst als ich das getan hatte, konnte ich die Freude an der kreativen und schöpferischen Seite des Berufs wiederentdecken. Ich fing an zu erforschen, warum mich die Kreativität so anzog.

1 Was ist Kreativität?

Der Kick am kreativ sein, ist die Möglichkeit sich selbst zum Ausdruck zu bringen. Jeder der etwas Neues schafft, ob das nun eine neue Maschine oder ein Kunstwerk ist, setzt etwas aus seinem Inneren, das dort vorher schon vorhanden war, frei. Man bringt also beim „Erfinden" etwas aus sich in die Welt hinaus. Dieser Vorgang ist Befruchtung und Geburt zugleich. Jeder der versucht, neue Ideen außerhalb von sich selbst zu finden, sucht an den falschen Stellen. Die neuen Ideen schlummern in der Tiefe unserer eigenen Person. Sicherlich sind äußere Anregungen und sehr viele Informationen vonnöten, um die Ideen zu wecken. Ideen findet man aber nur in sich selbst. Es hat also doch seinen Sinn, dass die viele administrative Arbeit im Entwicklungsprozess zur Informationsbeschaffung und -transformation getan wird. Ohne diese Informationen haben wir kaum eine Chance, an die in uns schlummernden Ideen zu gelangen. Das ist die Legitimation für die unangenehmen Teile des Jobs.

Der kreative Prozess ist der Weg in die Dunkelheit des Unbekannten. Man weiß nicht, ob man eine Lösung für das gestellte Problem findet. Denn hier ist es anders als bei der Erschaffung eines Kunstwerkes. Bei der Produktidee steht in der Regel eine konkrete Vorgabe und ein Termin- und Kostenrahmen im Raum. Man wird gezwungen, kreativ zu sein.

Wer sich mit konkreten Zielen ins Dunkel aufmacht, geht ein großes Risiko ein. Er weiß nicht, ob und wo er ankommt und trotzdem muss er ankommen. Wenn man diesen, im Konstruktionsgeschäft normalen Weg, gehen will, muss man Spaß an der Sache haben. Ohne die Freude am kreativen Prozess sollte man gar nicht erst anfangen, denn es ist ja nicht wichtig, dass man irgendwo ankommt, sondern dass man die konstruktive Aufgabe nach Vorgaben löst. Die Bildhauerin Louis Nevelson sagt dazu: "Du musst ganz bei deiner Arbeit sein und sie bei dir". Nur wer im Moment des kreativen Tuns voll bei der Sache ist, kann das was in ihm steckt, die Idee, zur Entfaltung bringen. Ganz bei der Arbeit zu sein, heißt, selbstvergessen und mit Spaß etwas zu tun. Es ist unmöglich ohne die Elemente der Arbeitsfreude kreative Leistungen zu erbringen. Selbstverständlich sind die oben genannten Regeln auch auf nicht kreative, also reproduzierende Arbeiten zu übertragen. Bei abwickelnden Tätigkeiten ist ein Erfolg allerdings auch ohne Spaß möglich. Dieser ist dann zwar kleiner, als wenn der Mitarbeiter mit Freude arbeitet, aber er ist möglich. Im Ideenentstehungsprozess ist der Erfolg ohne Spaß am Tun unmöglich. Es kommt nichts Neues dabei heraus, sondern wieder die alten Kamellen, die der Kunde schon kennt und der Wettbewerb schon lange im Angebot hat. Spaß und Leidenschaft zu empfinden geht nur, wenn man das was man tut, um des Tuns willen macht und nicht aus Zwang oder Vermeidungstaktik heraus.

2 Motivationen – Welche haben Ihre Mitarbeiter?

Es existieren zwei grundsätzliche Gruppen von Motivationen, aus denen heraus der Mensch etwas tut. Zum einen ist das die Motivation etwas zu erreichen. Hier folgt der Mensch seiner ursprünglichen Aufgabe, sich zu entwickeln beziehungsweise ein Ziel zu erreichen, mit dem er sich identifiziert. Diese Art der Motivation kommt von innen heraus und wird deshalb die intrinsische Motivation genannt. Sie hat eine große Kraft und wird letztendlich von der Lebensenergie des Menschen gespeist. Die andere Gruppe der Motivationen ist die Vermeidung. Hier tut der Mensch etwas, um eine Situation, eine Gefühl oder einen Zustand zu vermeiden. Wenn zum Beispiel ein Chef seine Mitarbeiter ausschließlich mit Schelte und Androhung von Konsequenzen führt, bewegen sich diese nur, um die Konsequenzen zu vermeiden. Alles Tun dieser Mitarbeiter ist darauf abgestellt, den GAU, den größten anzunehmenden Unfall, nicht eintreten zu lassen. Ein solcher Motivator hat nichts mit Spaß zu tun. Hier wird nur etwas getan, um nicht in ein Loch zu fallen. Freudiges Arbeiten ist aber etwas anderes. Freude hat man, wenn man etwas erreichen oder schaffen will, nicht aber, wenn man nur Prügel vermeiden möchte. Eine mit Vermeidungstaktik geführte Konstruktionsabteilung arbeitet die Jobs ab, die ihr gegeben werden und mutiert dadurch zu einer reproduzierenden Truppe, die bereits vorhandenes wiederkäut. Jede Innovation wird unmöglich.

Im Übrigen ist es nachgewiesen, dass das menschliche Gehirn bei der Lösung von Problemen nur einen Bruchteil seiner Kapazität im Einsatz hat. Ist etwas Neues zu erdenken, werden im Vergleich dazu wesentlich mehr Gehirnteile mit einbezogen. Es werden geringere Anteile der menschlichen Kapazität genutzt, wenn wir vermeiden anstatt erreichen. Befassen wir uns mit der Konstruktion von etwas Neuem, sind wir als Mensch voll genutzt. Erst hier sind wir wirklich Mensch. Die Prügel-Vermeidungs-Methode ist nichts anderes als eine destruktive Problembewältigung. Wenn es Ihren Mitarbeitern vorwiegend darum geht, Prügel für Fehler zu vermeiden, benutzen sie ihr Gehirn zu einem kleineren Teil, als wenn Ihre Leute auf Erkundungstour nach etwas Neuem gehen.

Jeder kennt die Situation, wenn er zum Beispiel im Freundeskreis über die Entwicklung neuer Dinge diskutiert. Dann ist das Energieniveau, auf dem das Gespräch abläuft, wesentlich höher, als wenn man in einer angstvollen Atmosphäre versucht, Probleme zu lösen. Zwischen diesen beiden Situationen liegen nicht nur Nuancen, sondern Welten was den erfolgreichen Ausstoß an Ergebnissen anbelangt. Es ist also sehr wichtig, sich zu überlegen, in welcher Atmosphäre, beziehungsweise unter welchen Vorzeichen, kreative Arbeit stattfindet.

Das wahrhaft intrinsisch, kreativ agierende Individuum ist das spielende Kind. Niemand ist mehr bei dem, was er tut und dabei sehr kreativ, als das spielende Kind, welches in seinem Spiel aufgeht. Wenn es uns gelingt, uns als Erwachsene in diese Situation zu bringen, können wir wirklich Neues schaffen. Und das in extrem kurzer Zeit und mit einer sehr geringen Fehlerquote. Vielleicht ist es für einen Konstrukteur eine Sünde, erwachsen zu werden. Möglicherweise ist es aber auch für den „Vollblutkonstrukteur" unmöglich, erwachsen zu werden. So oder so; die Führungskraft in der Konstruktion sollte dafür sorgen, dass der Spaß an der Arbeit erhalten bleibt und dass die Mitarbeiter in einer möglichst spielerischen Atmosphäre die Neuentwicklungen erschaffen können. Erst dann sind die wahrhaft kreativen Potentiale des Menschen ausschöpfbar.

3 Was können Sie zum Spaß an der Arbeit beitragen?

Sie, die Führungskraft, und nur Sie allein, sind für die Schaffung dieser Voraussetzung verantwortlich. Hier gilt das Sprichwort: „Es gibt keine Mitarbeiterprobleme, die älter sind als sechs Monate, danach werden sie automatisch zu Führungsproblemen". Die Führungskraft sollte sich für den Spaß ihrer Mitarbeiter verantwortlich fühlen. Das Arbeitsumfeld, die Qualifikation, die Motivation und die Aufgabenstellungen der Mitarbeiter liegen in der Macht der Führungskraft. Selbstverständlich ist auch der Chef äußeren Umständen ausgesetzt, aber trotzdem ist er es, der Einfluss nehmen kann und muss. In den meisten Fällen verweigern Vorgesetzte die Annahme dieser Verantwortung. Sie selbst fühlen sich als Opfer äußerer Einflüsse. Diese Einstellung und das daraus resultierende Verhalten wird von den Mitarbeitern registriert und übernommen. Sie werden so wie ihr Chef. Die Rolle des Vorgesetzten als Vorbild wird in der heutigen Zeit unterschätzt. Es ist aus der Mode gekommen, vorbildlich zu sein. Ist die „Paarung" zwischen den Mitarbeitern auf der einen Seite und dem Chef auf der anderen Seite einige Jahre existent, kann man mit Sicherheit davon ausgehen, dass die Mannschaft ihren Chef im Verhalten und in der Einstellung kopiert. Mitarbeiter, die sich als Opfer der Umstände fühlen, sind ein sicheres Zeichen dafür, dass der Chef es auch tut. Das wiederum lässt darauf schließen, dass er, der Vorgesetzte, keine Verantwortung für die Arbeitsumstände, das Mitarbeiterverhalten und den Spaß an der Arbeit übernimmt. Jede Führungskraft muss sich also lediglich eine Liste der typischen Verhaltensweisen ihrer Mitarbeiter machen und schon weiß sie, welche Defizite sie selbst hat. Wer diesen Schritt der Selbsterkenntnis erfolgreich machen kann, ist quasi schon geheilt. Konsequente Verantwortungsablehnung schützt auch vor Selbsterkenntnis. Wer verantwortungslos ist, hat immer Gründe für das schlechte Abschneiden seiner Abteilung, die garantiert außerhalb von ihm selbst liegen. Bevor Sie also weiterlesen, sollten Sie prüfen, ob alle Defizite Ihrer Abteilung äußere Gründe haben. Finden Sie nur einen Grund, der durch Sie selbst verursacht ist oder sein könnte, besteht noch Hoffnung.

Negative Verhaltensweisen, die der Mitarbeitern von seinem Chef kopiert:
- Verantwortungslosigkeit
- Begeisterungslosigkeit
- Unsicherheit
- Abteilungsdenken
- Inkonsequenz

- Schlechtes Kommunikationsverhalten
- Unstrukturiertes Handeln
- usw.

Sie als Führungskraft sind also derjenige, der sich oder etwas verändern muss. Ändern heißt handeln. In den meisten Fällen ist Handeln aber schwieriger als Leiden. Deshalb ziehen viele Menschen das Leiden vor. Um dann aber die – ach so schlechte – Situation aushalten zu können, klagt man kräftig darüber. Etwas zu beklagen heißt, das Richtige mit den falschen Mitteln zu wollen. Der, der die Verbesserungspotentiale erkannt hat, will die Schwierigkeiten abstellen. Er will also das Richtige. Ist ihm das Handeln scheinbar verwehrt, klagt er, um wenigstens etwas zu tun. Das geht aber nur so lange gut, wie er auch Zuhörer findet. In der Regel sind die Personenzuordnungen und Strukturen in den Unternehmen recht langlebig. Das bedeutet, dass die Menschen in ihrem Job recht lange tätig sind. Die Kollegen können schon bald das ewige Klagen nicht mehr hören und signalisieren Desinteresse. Jetzt kann man noch nicht einmal mehr klagen. Also frisst man den Frust in sich hinein, resigniert oder kündigt innerlich oder tatsächlich.

Die bessere Vorgehensweise wäre, das Heft in die Hand zu nehmen, die Missstände aktiv zu beseitigen und den Spaß an der Arbeit wieder herzustellen. Sie, verehrter Leser, sollten jetzt handeln: Machen Sie sich eine Liste der Einflussgrößen (Abb. 1), die den Spaß und den Erfolg Ihrer Mitarbeiter bewirken. Notieren Sie sich die Punkte, die sich einstellen und die Tatsachen, die geändert werden müssen, um Ihre Ziele zu erreichen. Dazu ist im Folgenden ein beispielhaftes Formblatt abgedruckt. Anschließend schreiben Sie die Namen der Menschen daneben, die die gewünschten Zustände herbeiführen können. Sollten Sie in Ausnahmefällen nicht selbst dort genannt sein, notieren Sie bitte die Maßnahmen, die Sie einleiten können, um auf die anderen Personen entsprechenden Einfluss zu nehmen. Machen Sie dieses bitte so lange, bis hinter jedem Punkt Ihr eigener Name steht. Sie allein sind derjenige, der den Spaß und den Erfolg Ihrer Abteilung erschaffen kann. Geben Sie diese Verantwortung nicht ab. Weder an Kollegen, noch an Ihren Chef, noch an äußere Umstände wie Kunden, EDV oder die Vergangenheit. Sie sind es Ihren Mitarbeitern schuldig, da diese am wenigsten an der Situation ändern können.

Der nächste Schritt des Handelns sollte darin bestehen, dass Sie die oben angefertigte Liste (Abb. 1) auch tatsächlich umsetzen. Wichtig dabei ist, sie so aufzubauen, dass sie Ihr hartes Tagesgeschäft überlebt. Die einzelnen Schritte, die Sie notiert haben, sollten mit realistischen Erledigungsterminen versehen sein. Anschließend können Sie sich die Erledigungspunkte oder die Gesamtliste auf Wiedervorlage legen. Erledigen Sie möglichst kurzfristig ei-

3 Was können Sie zum Spaß an der Arbeit beitragen?

Einflussgrößen auf den Erfolg und den Spaß der Mitarbeiter	Verantwortlich für Veränderung der Einflussgröße	Verantwortlich für die Initiative	**Termin**
		ICH	
		ICH	
		ICH	
		ICH	
		ICH	
		ICH	
		ICH	
		ICH	
		ICH	
		ICH	
		ICH	
		ICH	
		ICH	
		ICH	
		ICH	
		ICH	
		ICH	
		ICH	

Abbildung 1: Sie sind zuständig für den Erfolg und den Spaß Ihrer Mitarbeiter

nige Punkte, damit Sie sich selbst aktiv und motiviert halten. Denn wie oben schon beschrieben, ist Handeln schwerer als Leiden. Sind aber die ersten Schritte erfolgreich absolviert, ist es wie eine Sucht. Sie können nicht mehr aufhören Ihre Mitarbeiter zu fördern, die Rahmenbedingungen zu gestalten und damit den Erfolg zu provozieren. Jetzt sind Sie der Herr des Erfolgs Ihrer Abteilung.

4 Lustkiller Papierkram

Der bis jetzt besprochene kreative Teil des Konstruktionsjobs ist, wie wir alle wissen, aber nur ein Teil der zu bewältigen Aufgaben. Auf den Konstrukteur lauern auch sehr viele administrative und reproduzierende Tätigkeiten. Die Suche von Unterlagen, das Erstellen von Stücklisten und anderer Dokumente sind typische Jobs. Aber auch nicht kreative Kommunikationsaufgaben wie Besprechungen, die nur dem Informationsaustausch dienen, Informationsverteilungen und Ähnliches quälen den Konstruktionsmitarbeiter. Solche Tätigkeiten sind zwar nicht kreativ aber in jedem Falle erforderlich. Ohne die Produktion von Papieren und Informationen sind die Ergebnisse kreativen Tuns nutzlos. Jede noch so geniale Idee kann nicht zu einem Produkt führen, wenn sie nicht so aufbereitet wird, dass sie von anderen, zum Beispiel der Produktionsabteilung, gelesen werden kann. Die Idee muss kommuniziert werden, so dass sie auch verkauft werden kann.

Darüber hinaus ist die Ideenfindung auch vom Informationsmanagement abhängig. Ohne ausreichende Informationen kann es keine Idee, keine Produktion und keinen Verkauf geben. Es muss also akzeptiert werden, dass der kreative Job der Konstruktion und Produktentwicklung zu einem sehr großen Anteil aus nicht kreativen Arbeiten besteht. Die Frage ist nur, wer die reproduzierenden Tätigkeiten erledigen soll. Der Konstrukteur oder ein Zuarbeiter. Ein Zuarbeiter könnte in unserem Fall ein technischer Zeichner oder ein Detailkonstrukteur sein. In dieser Frage scheiden sich die Geister. Der erste Standpunkt geht davon aus, dass die Produkte tatsächlich standardisiert sind und deshalb eine Delegation an Zuarbeiter eher möglich ist. In diesem Fall sollte es eine klare Arbeitsteilung zwischen den kreativen und den abwickelnden Mitarbeitern geben. Die kreativen Konstrukteure bestimmen den Standard und legen im Auftragsfalle fest, welche dieser Standards zu dem zu verkaufenden Produkt komponiert werden sollen. Hierbei handelt es sich um eine vorbestimmende und auslegende Arbeit. Die technischen Zeichner sind dann diejenigen, die aus der Anordnung Fertigungsunterlagen und andere Informationen erstellen – also rein reproduzierende Tätigkeiten. Selbstverständlich liegt nahe, dass die Anzahl der Zuarbeiter um ein Vielfaches höher ist, als die der Konstrukteure. Ist das nicht der Fall, kann man nicht von einer Standardisierung reden, sondern erfindet bei jedem Konstruktionsauftrag die Welt neu.

In dem Umfeld nicht standardisierter Produkte sollte die Teilung zwischen kreativen und administrativen Arbeiten nicht vorgenommen werden, da sonst zu viele Schnittstellen zwischen den Bearbeitern geschaffen werden. Jemand der eine Neukonstruktion erdacht hat, die vielleicht nur einmal gebaut wird, kann auch die Detailzeichnungen und Stücklisten selbst machen. Andernfalls ist sein Kommunikationsaufwand fast so groß, wie die Ausführung selbst. Selbstverständlich kann auch in einem nicht standardisierten Produkt eine Arbeitsteilung erfolgen, wenn überproportional viele Detaillierungstätigkeiten aus einer Idee entspringen.

Es gibt also keine Konstruktionsarbeit ohne die Pflicht der Dokumentation und der administrativen Nebentätigkeiten. Hier gilt die Weisheit von Thomas Edison: „Mein Erfolg stammt aus 1 % Inspiration und 99 % Transpiration". Die Führungskraft hat dafür zu sorgen, dass beides Spaß macht. Im Folgenden will ich darstellen, welche Mittel dem Konstruktionschef zur Erzeugung von Spaß an der Arbeit zur Verfügung stehen.

5 Wann macht die Arbeit Freude?

In den USA gibt es universitäre Forschungen, die sich mit dem Spaß oder mit dem Glück von Menschen beschäftigen: Die Glücksforschung. Einer der führenden Experten auf diesem Gebiet ist zum Beispiel Mihaly Csikszentmihalyi. Er hat herausgefunden, dass bestimmte Konzentrationszustände zu Glücksgefühlen führen. Voraussetzung ist allerdings, dass die Tätigkeit, die man ausübt, in etwa den eigenen Fähigkeiten entspricht. Ist das nicht der Fall, kann kein Spaß empfunden und keine Leistung erbracht werden. Das Diagramm in Abb. 2 kann uns diese Zusammenhänge anschaulich erklären.

Die Anforderungen an einen Menschen sowie seine Fähigkeiten sind ohne Maßeinheit. Es gibt dafür keine objektiven Messgrößen. Wenn das vorhandene Wissen mit der zu erledigenden Aufgabe überein stimmt, kann man dieses in dem Diagramm mit jeweils einem Zentimeter darstellen. Der Schnittpunkt liegt dann auf der Linearen – also innerhalb des Effektivitätskanals. Das bedeutet: die Arbeit macht Spaß, geht gut von der Hand und ist vorwiegend fehlerfrei. Jeder von uns kennt solche Situationen. Wenn wir zum Beispiel solch eine Tätigkeit beginnen, tauchen wir in das Tun ein. Wir werden selbstvergessen und arbeiten ohne jedes Zeitgefühl. Wir arbeiten,

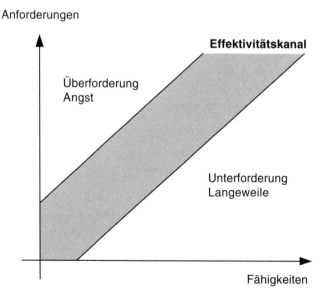

Abbildung 2: Die Fähigkeiten müssen mit den Anforderungen übereinstimmen

ohne ständig darüber zu reflektieren was wir machen, wie lange wir es schon machen und wie lange es noch andauert. Irgendwann schauen wir auf die Uhr, um festzustellen, dass viele Stunden wie im Fluge vergangen sind. In dieser Zeit hatten wir Spaß, waren sehr effizient und garantiert – im Rahmen unser Möglichkeiten – fehlerfrei. Solche Zustände sind leider im Tagesgeschäft recht selten. Sie zu provozieren ist die Aufgabe der Führungskraft.

Wenn ein Mensch über längere Zeit eine Tätigkeit ausübt, entsteht Routine. Mit der Zeit wachsen seine Fähigkeiten. Wachsen die Anforderungen, die seine Aufgaben an ihn stellen nicht mit, verlässt er den Effektivitätskanal und wird unterfordert. Jetzt stellt sich Langeweile ein. Der Mitarbeiter ist – gegebenenfalls unmerklich – überqualifiziert. Die Arbeit, die er erledigt, fällt ihm jetzt schwerer, dauert länger und ist fehlerbehafteter, als wenn er genau richtig qualifiziert wäre. Es ist also dafür zu sorgen, dass die Mitarbeiter nicht nur qualifiziert werden, sondern dass auch die Aufgaben mitwachsen.

In der Praxis ist es allerdings so, dass häufiger der umgekehrte Fall eintritt. Die Anforderungen an den Arbeitsplatz wachsen kontinuierlich oder vielleicht sogar sprunghaft. Das heißt, die Fähigkeiten können nicht durch Einarbeitung oder Gewöhnung mitwachsen. Jetzt verlassen wir den Effektivitätskanal in den Überforderungs- und Angstbereich. Ein Job, den ich nicht kenne, macht mir Angst. Das ist der am häufigsten anzutreffende Zustand in Industrieunternehmen.

Anforderungserhöhungen können zum Beispiel sein:
- Fortschritt in der Technik
- Erhöhung des Exportanteils und damit erforderliche Sprachkenntnisse
- Verkürzung der Liefertermine
- Einführung neuer Aufgabenabwicklungsprozeduren
- Einführung von Projektmanagement
- Zusammenarbeit mit Partnerfirmen

Die Fähigkeiten des Mitarbeiters müssen zu den Anforderungen passen

Bei den Anforderungen ist zwischen verschiedenen Bereichen zu unterscheiden. Zuerst stehen die fachlichen Aufgaben. Diese wachsen nach wie vor, weil der technische Anspruch an unsere Produkte weiterhin wächst. Das wird hoffentlich so bleiben, da uns nur mit Innovationen Möglichkeiten zur Vergrößerungen der Märkte gegeben sind. Diese Anspruchserhöhungen nehmen wir Ingenieure gerne an. Sie bedeuten neue Technologien, neue Fertigungsverfahren und Optimierungen technischer Sachverhalte. Hier haben

Techniker Spaß und in der Regel keine Schwierigkeiten, die erforderlichen neuen Fähigkeiten aufzubauen. Das zweite Anforderungsfeld, das sich ständig erneuert, ist die Anwendung der EDV-Werkzeuge. Egal ob es sich um CAD, PCs oder PPS-Systeme handelt, können wir davon ausgehen, dass die Anwender ständig weiterlernen müssen. Auch der Konstrukteur steht dadurch immer sich erneuernden Aufgaben gegenüber. Das war noch vor einigen Jahren ein Problem. Heute, nachdem der Bildschirmarbeitsplatz der Normalzustand ist, haben wir uns an das Erlernen von neuen Softwaretools gewöhnt. Sehr viele Programme wie zum Beispiel Standardsoftwares für PCs sind selbsterklärend. Hier bedarf es nicht einmal Schulungen. Es kann durch Einarbeitung und hausinterne Wissensweitergabe eine ausreichende Qualifikation der Mitarbeiter erfolgen. Im Gegensatz dazu müssen kompliziertere Programme wie CAD- oder PPS-Anwendungen durch externe Seminare erlernt werden. Bei der nächsten Klasse der Anforderungen, den methodischen Aufgaben, sieht die Welt etwas anders aus. Methoden werden nicht von allen Mitarbeitern beherrscht. Das systematische Abarbeiten von Aufgaben, die eigenständige Terminierung von komplexen Tätigkeiten oder gar das Abwickeln von ganzen Projekten sind Anforderungen, die nicht immer mit den vorhandenen Fähigkeiten korrespondieren. Es existieren oft Überforderungen und dadurch Ängste. Ein Projekt methodisch sauber zu führen ist etwas anderes, als die statische Berechnung eines Tragwerkes zu erstellen. Nur die wenigsten Hochschulen lehren Arbeits- oder Projektführungsmethoden. Andererseits ist das Erlernen solcher Fähigkeiten recht leicht.

Auch für Projektmanagement oder ähnliche Systeme gibt es Seminare. Aber noch einfacher ist es, wenn der Vorgesetzte diese Fähigkeiten vormacht und dadurch ins tägliche Leben einfließen lässt. Ein Mitarbeiter, der seine eigenen Termine nicht managen kann, gehört nicht auf eine Schulung, sondern in das Büro des Chefs. Dieser kann dem Mitarbeiter seine Schwächen klar machen und mit ihm vereinbaren, wie sie es gemeinsam schaffen, die neuen Anforderungen durch neue Fähigkeiten zu beantworten. Hier ist Anleitung zum Selbstlernen angesagt.

Schwieriger wird es beim nächsten Anforderungsfeld, den sozialen Aufgaben. Die Notwendigkeit, erfolgreich zu kommunizieren, wird im Tagesgeschäft immer wichtiger, sogar für den sogenannten kleinen Mitarbeiter. Auch hierfür sind Fähigkeiten die richtige Antwort auf neue Aufgaben. Zum Beispiel werden Teamfähigkeit oder einfach die Fähigkeit zum Zwiegespräch zunehmend wichtiger. Der inkommunikative, in sich gekehrte Konstrukteur, der niemandem seine Ideen vermitteln kann, ist im heutigen Geschäftsleben untauglich. Auch ein Entwicklungsingenieur, der im Gespräch mit den Kunden oder dem Vertrieb nicht in der Lage ist, erfolgreich zuzuhören, ist für ein Unternehmen immer weniger wert, selbst wenn er eigentlich ein guter Entwickler ist. Die sozialen Anforderungen werden auch in den nächsten Jahren wachsen. Wie die Führungskraft hier tätig werden kann, um ihren Mitarbeitern die entsprechenden Fähigkeiten zu vermitteln, wird in den Folgekapiteln noch genauer beschrieben.

Die letzte Anforderung, die auf uns wartet und auch immer weiter wächst, ist die der Mitarbeiterführung. Hier sprechen wir sowohl von den Aufgaben, die auf Sie warten, lieber Leser, als auch von denen, die ihre Mitarbeiter zu erledigen haben, wenn diese ihrerseits wieder Mitarbeiter führen. Die Erhöhung dieser Führungsanforderungen ist Inhalt und im Übrigen auch eine der Motivationen zur Entstehung dieses Buches.

Rückkehr zur Effektivität

Wir sehen demnach die laufende Vergrößerung der Aufgabenvielfalt und -komplexität in sehr vielen Feldern unserer Arbeitsbereiche. Wenn Sie Ihr Tagesgeschäft betrachten, werden Sie wahrscheinlich Ähnliches feststellen. Wichtig dabei ist, zu beachten, dass die Geschwindigkeit der Anforderungszunahme nicht dazu führt, dass wir in den Überforderungsbereich eintreten. Sollte das doch der Fall sein, muss der Weg zurück in den Effektivitätskanal gefunden werden, denn unter Angst oder Überforderung lässt sich keine Höchstleistung erbringen. Um wieder in den begehrten Kanal der Arbeitsfreude zu gelangen, gibt es zwei Wege:

1. Wir schrauben die Anforderungen auf den alten Stand zurück
2. Wir erhöhen unsere Fähigkeiten durch Lernen

Ersteres ist nur im begrenzten Maße möglich, nämlich nur dann, wenn man beispielsweise einen ehemaligen Detailkonstrukteur, der zwischenzeitlich zu einem Projektleiter gemacht wurde, wieder als Detailkonstrukteur einsetzt. Hier kann er wieder das tun, was er am besten kann und am besten macht. Er ist dann wieder im Effektivitätskanal. Macht man das aber mit zu vielen Mitarbeitern, kann das gesamte Unternehmen bald keine neuen Anforderungen mehr annehmen. Nur wer seine Mannschaft ständig weiterentwickelt, entwickelt dadurch auch die Fähigkeiten seines Unternehmens weiter. Also braucht man eine gewisse Anzahl von Mitarbeitern, den weitaus größten Teil, die die Anforderungserhöhungen mitmachen.

Der zweite Weg, die Mitarbeiter in den Effektivitätskanal zurückzubekommen, ist demnach der zukunftsorientiertere. Das heißt für die Führungskraft, dass sie das Gros der Mitarbeiter befähigen muss. Sie müssen lernen, damit die Fähigkeiten analog zu den Anforderungen aufgebaut werden können. Das heißt, dass für jeden einzelnen Mitarbeiter individuelle, personen- und aufgabenbedingte Befähigungspläne aufgestellt werden sollten. Der Besuch von Schulungen nach dem Gießkannenprinzip beruhigt nur das Gewissen löst aber nicht das Problem. Daher empfehle ich jeder Führungskraft, sich in einer stillen Stunde hinzusetzen und für jeden Mitarbeiter eine persönliche Beurteilung und einen Befähigungsplan aufzustellen. Nachfolgend ist ein beispielhaftes Schema für eine solche Bewertung abgebildet (Abb. 3). Diese Aufzeichnungen sollten aber nur zu Ihrer persönlichen Verwendung verbleiben. Macht man so etwas zu einem offiziellen Papier, ist es besser, vorher die Personalabteilung und den Betriebsrat mit einzubeziehen. Wollen Sie das nicht, sollte die Beurteilung im stillen Kämmerlein geschehen. Die Einstufung der Fähigkeiten Ihrer Mitarbeiter muss nicht ausschließlich analytisch oder rein rational durchgeführt werden. Kennen Sie Ihren Mitarbeiter schon einige Monate oder gar Jahre, sagt Ihnen in der Regel Ihr Gefühl genau, wie Sie die Menschen einzustufen haben. Seien Sie also mutig und bewerten Sie aus den Bauch heraus.

Mitarbeiterbeurteilung: Sind Ihre Leute über- oder unterfordert?

Wie kann man eigentlich feststellen, ob sich die Mitarbeiter im Überforderungs-, Effektivitäts- oder Unterforderungsbereich befinden?
Sind sie im Effektivitätskanal, so hat man im Arbeitsprozess keine wiederkehrenden, sondern nur situationsbedingte Probleme. Die zu bewältigenden Schwierigkeiten sind aufgaben- oder auftragsbezogene Anforderungen, die als „normal" zu bezeichnen sind. Sie abzustellen macht Spaß. Das Tagesgeschäft fliegt nur so dahin und bringt Sie nicht dazu, über die vorhandenen Prozesse zu reflektieren. In einer solchen Situation kommt niemand darauf, sich ein Buch wie dieses zu kaufen. Da Sie aber nun dieses Buch in der Hand halten, können Sie davon ausgehen, dass sich Ihre Abteilung nicht im begehrten Effektivitätskanal befindet. Es stellt sich für Sie also nur die Frage, ob Sie sich oberhalb oder unterhalb des Kanals befinden.
Unterforderte Mitarbeiter haben den Hang dazu, sich an ihren Tätigkeiten festzuhalten. Sie spüren instinktiv, dass sie unterqualifizierte Jobs tun und machen sie künstlich wichtig, damit sie nicht von geringer qualifiziertem Personal übernommen werden können. Sie bauschen Routinetätigkeiten zu voluminösen und anspruchsvollen Arbeiten auf und haben den ganzen Tag nichts besseres zu tun, als über den Anspruch ihrer Tätigkeiten zu referieren. Wenn ein solches Verhalten dann noch mit dem Hang zum Mobbing gepaart ist, können Sie sicher sein, dass Ihre Mitarbeiter unterfordert sind. Langeweile ist der beste Nährboden für Mobbing und andere Kollegen-

I Produktentwicklung muss den Mitarbeitern Spaß machen

Name: .... **Ausbildung:** .... **Besondere Fähigkeiten/Aufgaben:** .... **Datum:** ....

Charakter/Eigenschaften/Besonderheiten:

Vorhandene Fähigkeiten:

	niedrig	mittel	hoch
Fachkompetenz (EDV-Kenntnisse)			
Methodenkompetenz			
Sozialkompetenz/ Kommunikationsverhalten			

	niedrig	mittel	hoch
Engagement/ Motivation			
Führungsfähigkeit			

Kurzfristige Befähigungsziele:

Befähigungsmaßnahmen: | **zu erl. bis:**

Langfristige Befähigungsziele:

Bemerkungen:

Abbildung 3: Formblatt zur Mitarbeiterbeurteilung und -entwicklung

schikanen. Die gesunde Variante der Unterforderung wird durch den Ruf nach anspruchsvolleren Aufgaben signalisiert. Kommt ein Mitarbeiter mit dem Ansinnen nach größerer Aufgabenstellung auf Sie zu und sind Sie gleichzeitig von seinen Fähigkeiten überzeugt, ist es in der Regel ein Leichtes, ihn durch neue Tätigkeiten in den Effektivitätskanal zu befördern.

Die Symptome der Überforderung und Angst sind jedoch ganz andere. Hat ein Mitarbeiter Angst, wird er im Tagesgeschäft nur mit Widerwillen Entscheidungen fällen. Er wird sich vorher bei Ihnen oder anderen Personen, die aus seiner Sicht Experten sind, absichern, so dass er seine Entscheidung risikolos fällen kann. Im Zweifelsfall wird er dann immer auf den anderen verweisen und selbst seine Hände in Unschuld waschen. Ein weiteres Anzeichen von Angst ist der Ruf nach Regeln und Vorschriften. Jeder der Dienst nach Vorschrift macht, arbeitet auf der sicheren und angstreduzierten Seite. Auch hier kann er sich im Streitfall auf die Vorschriften berufen und seine Unschuld beweisen. Jedes Risiko wird minimiert. Aber auch an Äußerlichkeiten lässt sich eine Überforderungs- und Angstatmosphäre ablesen. Wenn zum Beispiel der Verteiler auf Protokollen oder Berichten kontinuierlich wächst, oder gar zum Gegenzeichnen bei Erhalt auffordert, ist dies ein untrügliches Zeichen für Unsicherheit. Denn wenn der Mitarbeiter keine Risiken mehr eingeht und er sich die Abgabe von Informationen quittieren lässt, ist schon fast der Erstarrungszustand erreicht. Die ganze Mannschaft tut dann nichts anderes mehr, als sich abzusichern. Ein weiteres Symptom ist der Ruf nach exakten Verantwortungsgrenzen. Unsichere Mitarbeiter wollen genau wissen, wo ihre Verantwortung anfängt und vor allem, wo sie aufhört. Sie sind dann natürlich auch nicht bereit, diese Grenzen einmal zu überschreiten und Entscheidungen außerhalb ihres exakt umrissenen Verantwortungsgebietes zu fällen. Jeder macht nur das, was er unbedingt muss und wo er sich in Sicherheit wiegen kann.

Zustände außerhalb des Effektivitätskanals, also im Über- oder Unterforderungsbereich, sind für eine Führungskraft absolut unakzeptabel. Wer die oben genannten Symptome aus seiner Firma kennt, muss etwas dagegen unternehmen. Sind diese Unternehmungen unmöglich, sollten Sie sich lieber einen neuen Arbeitgeber suchen, da der jetzige wahrscheinlich nicht mehr lange existieren wird. Was im Einzelnen getan werden kann, um wieder Spaß an der Arbeit zu erzeugen, wird in den Folgekapiteln beschrieben. Zuerst müssen Sie sich über die Über- oder Unterforderung Ihrer Mitarbeiter Klarheit verschaffen. Dazu habe ich einen Bewertungsbogen (Abb. 3) dargestellt.

II

Konstrukteur ist kein Beruf, sondern Berufung

1 Wer sind Ihre Mitarbeiter?

Nun kommen wir zu einem Thema, das sich mit dem Typ und der Mentalität Ihrer Mitarbeiter befasst. Es handelt sich um die „Typologie" des Menschen. Es gibt sehr viele Versuche, die Menschen anhand ihrer Eigenschaften in Schubladen einzuordnen. Einige dieser Versuche sind brauchbar, andere nicht. Es sind aber immer nur Modelle, die den Menschen zu erklären versuchen. Auch bei dem Modell, das ich hier heranziehe (Abb. 4), handelt es sich um eine Reduzierung des komplexen Menschenverhaltens auf einige wenige Elemente. Trotzdem dient es uns dazu, die Reaktionen und „Funktionsweisen" unserer Mitarbeiter besser verstehen zu können. Dieses Typologiemodell fächert das Mitarbeiterverhalten in einige Reaktionsmuster auf. Zur Vereinfachung habe ich vier Grundtypen zusammengefasst:

1. Der kopfgesteuerte Denker
2. Der gefühlsgesteuerte Bauchmensch
3. Der introvertierte Gewissenhafte
4. Der extrovertierte Kommunikator

Jeder von uns hat Schwerpunkte aus denen heraus er reagiert. Grundsätzlich steht uns das gesamte Repertoire der Reaktionen zur Verfügung. Auch als Kopfgesteuerter können wir gefühlsorientiert reagieren. Dennoch hat jeder von uns in einem der vier Bereiche seinen Schwerpunkt. Deshalb reagiert der Kopfgesteuerte meistens rational. Auch ein Mensch mit dem Schwerpunkt Introvertiertheit ist durchaus in der Lage, offen und kommunikativ auf fremde Leute zuzugehen. Sein Brevier ist das allerdings nicht.

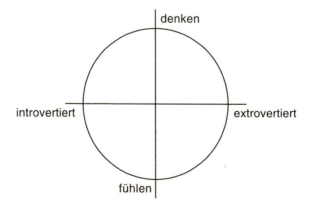

Abbildung 4: Die Typologie des Menschen

Kopfgesteuerter Denker oder Bauchmensch?

Der kopfgesteuerte Mensch denkt über alles, was er tut, eingehend nach. Er wägt die Vor- und Nachteile ab und entscheidet gern anhand objektiver Kriterien. Er analysiert gern und fühlt sich bei Entscheidungen, die nicht mit klaren Argumenten oder, noch besser, mit Zahlen untermauert sind, unwohl. Dieser Charakterzug hat den Vorteil, dass Sachverhalte immer wohl recherchiert und meist nachvollziehbar dargestellt werden. Der Nachteil einer solchen Mentalität ist, dass es sehr viele Entscheidungen gibt, die nicht mit dem Kopf gefällt werden können. Diese Entscheidungen werden dann vielleicht gar nicht, verspätet oder nur mit Vorbehalten gefällt. Zum Beispiel kann man mit rein kopforientierten Mitarbeitern nur sehr schwer Markttendenzen und Produktstrategien beurteilen. Hierfür benötigt man das Gefühl für den Bedarf und die Wünsche der Kunden. Auch Verkaufsgespräche lassen sich von „bauchgesteuerten" Gefühlsmenschen besser durchführen, da sie eher spüren, auf welcher Wellenlänge der Gesprächspartner gerade ist. Ein Kopfmensch würde versuchen, den Bedarf des Kunden analytisch herauszufinden. Das gelingt natürlich nur selten oder kostet viel Zeit. Der Gefühlsgesteuerte trifft den Kunden oder telefoniert mit ihm und weiß intuitiv, wo der Bedarf gerade liegt. Im Gegensatz dazu darf man natürlich die Festigkeitsberechnung eines Tragwerkes nicht mit dem Gefühl oder dem dicken Daumen erstellen, sondern braucht hier den Kopfmenschen, der klar nach Formeln vorgeht und nachprüfbar arbeitet. So hat jeder dieser Schwerpunkte, ob Kopf oder Bauch, seine Existenzberechtigung und sein Einsatzgebiet. Man sollte hier auf gar keinen Fall von besser oder schlechter, sondern nur von anders reden.

Gewissenhaft oder kommunikativ?

Das gleiche gilt für die Pole Introvertiertheit oder Extrovertiertheit. Kommt ein extrovertierter, also ein nach außen gekehrter Mensch, in einen Raum hinein, der voller unbekannter Leute ist, freut er sich, diese kennenlernen zu können. Die Kommunikation mit Unbekannten ist ihm eine besondere Lust. Oft kommuniziert er um der Kommunikation willen und benutzt sie nicht nur als Mittel, um Informationen auszutauschen. Im Gegensatz dazu hat der nach innen gekehrte Mensch Angst vor der Kommunikation mit Fremden. Kommt also der introvertierte in den selben Raum mit Unbekannten, schlägt ihm das Herz bis zum Hals. Er sucht nach vertrauten Gesichtern. Findet er sie nicht, würde er sich am liebsten mit Lesen oder Kaffee trinken beschäftigen. Im schlimmsten Fall wird er wieder gehen. Manchmal steht er aber auch nur so da, obwohl das für ihn eigentlich unerträglich ist. Das was er nicht tut, ist jemanden anzusprechen, um ein Gespräch zu haben oder neue Leute kennenzulernen. Der Introvertierte ist also im Gegensatz zum Extrovertierten nicht für Verkaufsgespräche oder repräsentative Gespräche geeignet. Im Gegenzug dazu geht das „In-sich-gekehrte" mit Gewissenhaftigkeit und Genauigkeit einher. Diese Eigenschaften haben Extrovertierte eher selten. Lebende Beispiele dieser Gattungen sind der stille Erfinder - introvertiert- und der Starverkäufer – extrovertiert –, die es wahrscheinlich beide in Ihrem Unternehmen gibt. Stellen Sie sich nun bitte vor, die beiden würden im Zuge einer Jobrotation ihre Aufgaben tauschen. Die Phantasie über das, was dabei herauskäme, verdeutlicht die Polarität dieser beiden Charaktere, denn beide wären in dem eingetauschten Beruf erfolglos.

Jede dieser Eigenschaften hat ihre Vor- und Nachteile und ist nicht beliebig austauschbar oder hervorrufbar. Je weiter ein Mensch die Extreme seines Typologiebereiches repräsentiert, umso schwerer fällt es ihm, in die gegenüberliegende Rolle zu schlüpfen. Ich möchte hier auf keinen Fall den Eindruck erwecken, dass universelle „Kreuzungstypen", die alle Typologiebereiche im Repertoire haben, das Optimum für ein Unternehmen sind. Im Übrigen sind sehr typenflexible Mitarbeiter eher die Seltenheit. Wichtig dabei ist nur, dass Sie als Führungskraft die Charaktere erkennen und optimal einsetzen.

Darüber hinaus kann noch unterschieden werden zwischen dem Typ, den Ihr Mitarbeiter darstellen möchte und dem, der er tatsächlich ist. Liegen diese beiden Typen sehr weit auseinander, ist der betreffende Mensch nicht authentisch. Als Beispiel sei hier der Verkaufsingenieur angeführt, der so gerne auf Menschen zugehen können möchte, um seine Verkaufserfolge zu erhöhen. Der, der so gerne als Charmeur, dem alle zu Füßen liegen, gelten möchte aber in Wirklichkeit lieber alleine ist, um sich mit sicheren Zahlen zu beschäftigen. Vielleicht würde er in Wirklichkeit lieber im stillen Kämmerlein Kalkulationen erstellen. Wenn er dennoch, vermeintlich begeistert, mit Kunden oder fremden Personen kommuniziert, was er als Verkaufsingenieur ja täglich tun muss, ist er nicht authentisch. Für solche Menschen ist das Leben eine große Last, denn sie wollen etwas anderes sein, als sie sind. Meistens wird der Wunsch dazu durch den Druck des Umfeldes, also Eltern, Gesellschaft oder durch eigenes Anspruchsverhalten ausgelöst. So oder so; der wahre Erfolg stellt sich nur ein, wenn das Wunsch-Ich und das tatsächliche Ich deckungsgleich sind. Dann ist der Mensch authentisch und man merkt ihm an, dass er sich in seinem Element befindet. Ist das nicht der Fall, wird er immer schlechter sein, als seine authentischen Kollegen.

Wir können davon ausgehen, dass die Prägungen des Menschen, in welcher Typologieecke auch immer, in der Jugend, der Kindheit oder vielleicht noch früher festgelegt wurden. Zum Zeitpunkt der Berufswahl steht der Typ jedenfalls schon fest. Wird einem jungen Menschen bei der Wahl seines Berufes Freiheit gelassen, sucht er sich einen Job, der seinem Typ und seinen Vorlieben entspricht. Ein Introvertierter wird also niemals einen Verkäuferjob annehmen, es sei denn, sein soziales Umfeld erwartet das von ihm und setzt ihn entsprechend unter Druck. Ein anderes Beispiel ist der kopfgesteuerte Analyst, der niemals den Beruf des Krankenpflegers oder des Erziehers wählen wird. Er wird immer einen Job mit Zahlen und rationalen Ergebnissen wählen. Wir können also davon ausgehen, dass in der Regel die Mentalität den Beruf bestimmt und nicht umgekehrt. Der Beruf wird dann allenfalls die vorhandene Mentalität vertiefen.

2 Der typische Konstrukteur

In der Regel können Sie davon ausgehen, dass ein junger Mensch, der einen technischen Beruf wählt, ein Kopfmensch ist. Denn die Rationalität von Zahlen und beweisbaren und nachvollziehbaren Zusammenhängen sind die Dinge, die ihn faszinieren. Jede Entscheidung, die nicht klar vorhersehbar ist, flößt dem typischen Techniker Unsicherheit ein. Das entspricht dem Verhalten eines kopfgesteuerten Menschen. Gleichzeitig ist es wahrscheinlich, dass der Beruf des Konstrukteurs nicht gerade wegen des häufigen Kundenkontaktes gewählt wird, sondern weil man kreativ sein will. Die Aufgabe des „Erfinders" ist in der Vorstellung junger Leute oft eine einsame Tätigkeit. Allenfalls kann man sich ausmalen, seine Erfindungen in einem kleinen Team von Gleichgesinnten zu kreieren und zu besprechen. All das sind Eigenschaften und Vorlieben introvertierter Charaktere. Wir können daraus schließen, dass der typische Konstrukteur aller Wahrscheinlichkeit nach ein introvertierter Kopfmensch ist. Wäre er das nicht, wäre er nicht Konstrukteur, sondern Verkäufer oder Krankenpfleger geworden. Ich möchte an dieser Stelle klar stellen, dass der Charakterzug der Introvertiertheit nicht nur als nachteilig anzusehen ist. Schließlich geht er mit Gewissenhaftigkeit und Genauigkeit einher. Das sind beides Eigenschaften, die der Konstruktionsingenieur dringend braucht. Jeder Charakterzug hat zwei Medaillenseiten. Ingenieure, die nicht im introvertierten Kopfbereich angesiedelt sind, sind als Konstrukteure oft nicht erfolgreich und fühlen sich häufig im Vertrieb wohler. Der Idealzustand wäre also, wenn alle einen Job hätten, der ihrem Naturell entspräche.

Was macht der Konstrukteur von heute?

Die Tätigkeit des Konstrukteurs ist schon lange keine einsame mehr. Spätestens seit der Einführung von Projektmanagement besteht das Aufgabenspektrum zu einem sehr großen Anteil aus Kommunikation. Im folgenden Diagramm ist die Arbeitszeitverteilung einer Konstruktionsabteilung eines deutschen Anlagenbauers aufgezeigt. Dargestellt sind die verschiedenen Tätigkeitsarten und ihre zeitliche Verteilung (Abb. 5). Die Abteilung führt folgende Tätigkeiten aus:

1. Es werden Entwürfe, Konzepte und Berechnungen erstellt. Alle Tätigkeiten zur Auslegung und Vorbereitung der fertigungsgerechten Unterlagen. Hiermit sind noch keine bemaßten Zeichnungen und Stücklisten gemeint.

2. Zeit zur Erstellung, Änderung und Pflege von Zeichnungen aller Art, zum Beispiel Layoutzeichnungen, Aufstellplänen, Einzelteilzeichnungen, Schaltplänen Stromlaufplänen usw.
3. Alle Arbeiten zur Erstellung, Änderung und Pflege von Listen aller Art, zum Beispiel Stücklisten, Ersatzteillisten, Packlisten, Montagelisten usw.
4. Die Erstellung von internen und externen Dokumentationen, also interne Aufzeichnungen zur Maschinendokumentation und alle Dokumente, die an den Kunden, Überwachungsbehörden oder andere gehen.
5. Alle kaufmännischen Tätigkeiten wie zum Beispiel Kostenkalkulation, Aufwandschätzungen, Vergaben an Ingenieurbüros, Rechnungsprüfungen, Bearbeitung von Nachforderungen von Lieferanten u. Ä.
6. Tätigkeiten zum Austausch von Informationen innerhalb des Unternehmens über persönliche, fernmündliche Besprechungen oder Videokonferenzen und Schriftverkehr aller Art.
7. Informationsaustauschende Tätigkeiten mit Externen, wie Kunden, Lieferanten, Partnerfirmen, Dienstleistern, Behörden, Überwachungsvereinen usw.
8. Die Tätigkeiten zur Beschaffung von Informationen also im Gegenteil zum Informationsaustausch eine einsame Tätigkeit: heraussuchen oder suchen von Unterlagen vergangener Projekte, Kundenspezifikationen, Lieferantenunterlagen usw.
9. Allgemeine Büro- und Verwaltungsarbeiten, wie Ablage, Vervielfältigungen u. Ä.
10. Unterstützung anderer Abteilungen mit dem technischen Know-how des Konstrukteurs, um die Aufgabe der anderen Abteilungen zu erfüllen. Zum Beispiel technische Unterstützung des Einkaufs bei Gesprächen des Lieferanten, Erledigung besonders schwieriger Aufgaben für den Kundendienst, technische Betreuung des Vertriebs und vieles mehr.
11. Betreuung von Versuchen, zum Beispiel Entwurf von Versuchsaufbauten, Betreuung der Versuchsabläufe, Auswertung der Ergebnisse bis hin zur Dokumentation.
12. Tätigkeiten zur Unterstützung der qualitätssichernden Prozesse wie zum Beispiel Mithilfe bei der Erstellung der Qualitätsstrategie, der Prüfpläne und Unterstützung bei der Entscheidung bei Qualitätskontrollen u. Ä.
13. Alle Reisetätigkeiten zum Kunden, zum Lieferanten, zu Abnahmen, zu Inbetriebnahmen oder auch Reklamationen usw.
14. Alle Sonderaufgaben und sonstige Tätigkeiten, für die es sich aufgrund des geringen Vorkommens nicht lohnt einen Einzelpunkt zu benennen.

2 Der typische Konstrukteur

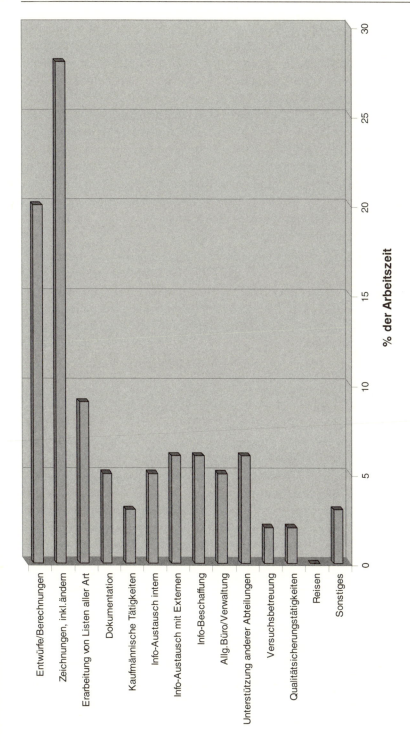

Abbildung 5: Arbeitszeitverteilung einer Konstruktionsabteilung (ohne Projektmanager)

Ich möchte an dieser Stelle darauf hinweisen, dass sowohl die Gruppierungen der Tätigkeiten, als auch die zeitliche Verteilung aus dem untersuchten Unternehmen stammen, das hier natürlich nicht namentlich benannt wird. Es handelt sich also nicht um repräsentative Begriffe und Zeitverhältnisse. Möglicherweise beschäftigt sich Ihre Konstruktionsabteilung mit wesentlich mehr oder weniger Tätigkeitsarten, als das beschriebene Beispiel. Dadurch ergeben sich natürlich auch extrem unterschiedliche Verteilungen der Arbeitszeiten auf die Einzeltätigkeiten. Wenn Sie daran interessiert sind, die Arbeitszeitdifferenzierung und -verteilung für Ihre Abteilung transparent zu machen, so ist dies mit einer individuellen Bestandsaufnahme zu tun, da aus den hier abgedruckten Werten auf keinen Fall allgemeingültige Verhältnisse abgeleitet werden können. Oben ist die zeitliche Verteilung des besagten Anlagenbauers graphisch dargestellt.

Die in Abb. 5 dargestellte Arbeitszeitverteilung beinhaltet die tatsächliche Anwesenheitszeit der Mitarbeiter. Alle Tätigkeiten addiert ergeben 100 % der Konstruktionskapazität. Somit existieren außerhalb dieser Auflistung keine weiteren Tätigkeiten. Ich möchte an dieser Stelle nicht weiter auf die einzelnen Tätigkeitsbereiche eingehen, sondern die für das Thema wichtigen Inhalte herausziehen.

Im Folgenden habe ich die 14 verschiedenen Jobs noch einmal in drei Rubriken aufgeteilt:

1. Ausführende Tätigkeiten
2. Managende und koordinierende Tätigkeiten
3. Sonstiges

Unter ausführenden Tätigkeiten verstehe ich alle Arbeiten, die direkt dazu dienen, den Ausstoß der Abteilungen zu produzieren. Das heißt, Zeichnungserstellung, Stücklistenerstellung, Berechnungen, Entwürfe, Dokumentationen und die hierfür erforderlichen Nebentätigkeiten. Koordinierende und managende Arbeiten dienen der administrativen und organisatorischen Unterstützung sowie besonders der Planung der Konstruktion. Also Informationsaustausche, kaufmännisch abwickelnde Tätigkeiten und Informationsbeschaffung. Unter Sonstiges ist alles das zusammengefasst, was nicht zu den beiden ersten Tätigkeitsbereichen gehört. Im folgenden Diagramm (Abb. 6) sind also nur die Zahlen der oben stehenden Balkendarstellung anders abgebildet.

Hier zeigt sich, dass der Konstrukteur zu fast zwei Drittel ausführende Arbeiten erledigt. Nur einen kleinen Teil seiner Zeit befasst er sich mit Kommunikation und Management. Dies entspricht in etwa der Einschätzung und den Wünschen eines jungen Menschen, der diesen Beruf wählt. Hier fühlt sich also der typische Konstrukteur wohl.

2 Der typische Konstrukteur

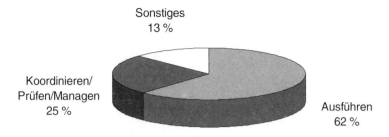

Abbildung 6: Arbeitszeitverteilung einer Konstruktionsabteilung
(ohne Projektmanagement)

Der Wandel der Aufgaben erfordert einen neuen Typ von Konstrukteur

Überträgt man aber administrative und planende Tätigkeiten auf den Konstrukteur oder übergibt man ihm gar die Steuerung von Projekten, ergibt sich ein ganz anderes Bild (Abb. 7). Der Anteil der ausführenden Tätigkeiten sinkt extrem und zwar nicht deswegen, weil weniger Zeichnungen zu machen sind, sondern weil der Anteil planender, managender und koordinierender Arbeiten das Ausführen verdrängt. Da nun mal die Arbeitszeit endlich ist, fallen bei der Hinzugewinnung von neuen Aufgaben andere unter den Tisch. In diesem Fall trifft es die Zeichnungs- und Stücklistenarbeiten, da diese an externe Ingenieurbüros oder andere Zuarbeiter delegiert werden können. In der Regel wächst der Einsatz von Ingenieurbüros, wenn sehr viele Konstrukteure der Abteilung im Projektmanagement oder ähnlichen Aufgaben eingebunden werden. Trotzdem ist der Nutzen fürs Gesamtunternehmen noch vorhanden. Bei Einführung von Projektmanagement wird in der Planungs- und Konstruktionsphase mehr Energie aufgebracht, die am

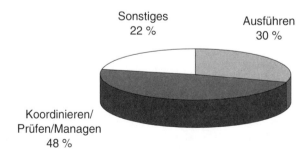

Abbildung 7: Arbeitszeitverteilung einer Konstruktionsabteilung
(mit Projektmanagement)

Ende der Prozesskette der Produktion, der Montage und der Beschaffung um ein Vielfaches mehr zu Gute kommt. Außerdem können bestimmte Aufgaben, wie zum Beispiel die Abwicklung großer Aufträge oder die Bewältigung hoch interdisziplinärer Aufgaben, ausschließlich mit Projektmanagementwerkzeugen abgewickelt werden.

Aber darauf will ich in diesem Kapitel nicht näher eingehen. Was uns hier interessiert ist die Tatsache, dass das Tagesgeschäft eines Konstrukteurs, der auch Projektmanager ist, ganz anders aussieht als das eines „alten" Konstruktionsmitarbeiters. Der Projektmanager muss kommunizieren, managen und führen. Alles Aufgaben, die eher den extrovertierten Typ erfordern. Das kann für einen extrem nach innen gekehrten Menschen ein angsteinflößender Zustand sein. Konkret heißt das, dass auch ein erfahrener Konstrukteur Angst vor Kundengesprächen oder Nachforderungsverhandlungen mit Ingenieurbüros haben kann. Selbst wenn er die Angst nicht spürt, ist die Wahrscheinlichkeit groß, dass sie latent vorhanden ist. In jedem Fall ist der introvertierte Typ bei der Ausführung solcher Aufgaben höchstens mittelmäßig erfolgreich.

Aber auch in Abteilungen, die nicht mit Projektmanagement arbeiten, hat sich eine Aufgabenwandlung ergeben. Die Zeit des einsamen Erfinders ist endgültig vorbei. Immer mehr Informationen sind zu koordinieren, immer mehr andere Abteilungen sind mit einzubeziehen und immer ganzheitlichere Aufgabenabwicklungen sind erforderlich. Dies sind alles Tätigkeiten, die sich die meisten jungen Menschen bei der Berufswahl zum Konstrukteur nicht vorgestellt haben. Sie als Führungskraft können also in den meisten Fällen davon ausgehen, dass ihre Mitarbeiter sich in einer emotionalen Zerreißprobe befinden. Wie groß dieses Spannungsfeld ist, ist natürlich von Mitarbeiter zu Mitarbeiter extrem unterschiedlich. Vielleicht werden sogar einige Mitarbeiter während ihrer Tätigkeit als Projektmanager zu sich selbst finden und feststellen, dass das Kommunizieren ihr eigentliches Brevier ist. In den meisten Fällen ist es aber so, dass die geforderte Aufgabenerfüllung zur bösen Pflichterfüllung wird.

Übung:

Bitte nehmen Sie sich nun etwas Zeit, um zu überlegen bei welchem ihrer Mitarbeiter die beschriebene Situation vorhanden ist. Klassifizieren Sie bitte anschließend, ob es sich um eher leichte oder vielleicht massive Spannungsfelder handelt. Ein Symptom für Angst und Ablehnung gegenüber den Kommunikationsprozessen ist zum Beispiel die chronische Desinformation

> gegenüber anderen Abteilungen. Aber auch der ständige Ruf nach dem Anderen, der anstatt ihres Mitarbeiters informieren soll, ist ein Zeichen dafür. Ein solcher Ruf wird meistens mit dem Argument untermauert, dass man aufgrund zu vieler Besprechungen nicht zu seiner „eigentlichen" Arbeit kommt.

Wie ist auf solche Situationen zu reagieren?

3 Helfen Sie Ihren Mitarbeitern bei der Bewältigung der neuen Aufgaben

Sie sollten diese Symptome auf gar keinen Fall ignorieren, denn extreme Spannungsfelder bei den Mitarbeitern führen zur Ineffektivität der Abteilungen. Sie als Führungskraft müssen aktiv zur Problemlösung beitragen. Das Spektrum der menschlichen Verhaltensweisen kann als Kreis mit umlaufenden 360° dargestellt werden (Abb. 8). Diese 360° sind die gesamte Bandbreite der Möglichkeiten, die uns als Menschen zur Verfügung stehen. Wir können nämlich alle gut kommunizieren, sehr gewissenhaft arbeiten, hervorragend rational überlegen und emotional beurteilen. Diese Potentiale stecken in uns allen. Es ist an Ihnen, diese Bandbreite in Ihren Mitarbeitern zu wecken. Der Ist-Zustand der tatsächlich ausgeschöpften Fähigkeiten Ihrer Mitarbeiter kann als ein Quadrat innerhalb des Möglichkeitsspektrums eingezeichnet werden. Wäre man in der Lage, das Quadrat einmal um 360° zu drehen, hätte es den Kreis einmal voll durchlaufen und damit alle Fähigkeiten aufgenommen. Das heißt, jede Fassette des Spektrums wurde von den Mitarbeitern geübt und steht ihnen damit zur Verfügung. Das, was man schon einmal erfolgreich geübt hat, macht keine Angst mehr. Es ist Ihre Aufgabe, Ihre Mitarbeiter Winkel um Winkel durch den Kreis zu führen.

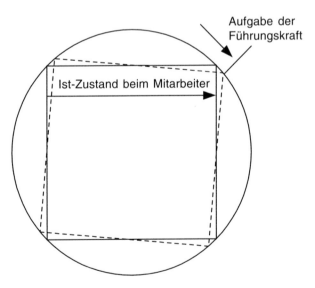

Abbildung 8: Das Spektrum der Fähigkeiten umfasst 360°

3 Helfen Sie Ihren Mitarbeitern bei der Bewältigung der neuen Aufgaben

Nehmen Sie Ihre Mitarbeiter, die Angst vor bestimmten Tätigkeiten haben, behutsam an die Hand und führen Sie sie dort hin, wo sie diese Jobs üben und ihre Angst verlieren können. Bauen Sie das Können ihrer Mitarbeiter bezüglich der neuen Anforderungen Stück für Stück auf.

Wenn zum Beispiel einer Ihrer Mitarbeiter nur wenig Team- und Kommunikationsfähigkeiten hat, sagen Sie es ihm deutlich: „Ich glaube, dass Sie im Team mehr aus sich machen könnten, wenn Sie zum Beispiel besser zuhören und mehr auf Ihre Gesprächspartner eingehen würden". Vereinbaren Sie nun mit Ihrem Mitarbeiter, wie sie die fehlenden Fähigkeiten gemeinsam aufbauen können. Hier sollten Sie sich als Helfer aber auch als Kontrolleur anbieten. Es ist selbstverständlich, dass ein solches Gespräch in einer Atmosphäre stattfindet, die der Entwicklung Ihres Mitarbeiters zuträglich ist. Findet es in einer destruktiven Kritikatmosphäre statt, müssen Sie sich auf extreme Abwehrreaktionen gefasst machen. Was in einem solchen Fall zu tun ist, beschreibe ich in den späteren Kapiteln. Es ist Ihre Aufgabe, für die anforderungsgerechte und positive Entwicklung Ihrer Mitarbeiter zu sorgen. Sie werden es Ihnen mit effizienter Arbeit und weniger Fehlern danken.

III

Neue Anforderungen verlangen neue Fähigkeiten

Die Aufgaben, die Sie und Ihre Mitarbeiter zu bewältigen haben, bedürfen neuer Fähigkeiten und erfordern sehr viel Selbstverantwortung und Proaktivität. Diese Begriffe werden sehr häufig besprochen, sind aber oft nur hohle Floskeln. Ich möchte sie in diesem Kapitel mit Leben füllen und die Elemente, die für unser Thema wichtig sind, diskutieren.

1 Was müssen Ihre Leute können?

Kommen wir zuerst zu der Detaillierung der Fähigkeiten Ihrer Mitarbeiter. Zu unterscheiden sind folgende Fähigkeiten:
1. Fachkompetenz
2. EDV-Kenntnisse
3. Methodenkompetenz
4. Sozialkompetenz/Kommunikationsfähigkeit
5. Selbstverantwortung
6. Führungsfähigkeit
7. Motivation, Engagement und Begeisterung
8. Lernfähigkeit, Belastbarkeit und Disziplin
9. Loyalität

Fachkompetenz und EDV-Kenntnisse

Die einfachsten Fähigkeiten sind die Fach- und EDV-Kenntnisse. Das ist das Wissen, das wir auf den Hochschulen und durch Berufserfahrung erworben haben. Die Fachkompetenz ist die Grundvoraussetzung für uns, den Beruf überhaupt ausüben zu können. Beim Konstrukteur handelt es sich um Konstruktionssystematiken, Kenntnisse über Fertigungsprozesse, Festigkeitslehre, Mechanik, Verfahrenstechnik und alle weiteren schier unendlichen Kenntnisbereiche, die er benötigt, um den ersten Strich auf eine Zeichnung zu bekommen. Diese Fähigkeiten liegen in der Regel vor. Sollte das nicht oder nicht ausreichend der Fall sein, ist der Aufbau des Wissens recht leicht. Es können Seminare, Fachtagungen oder Messen besucht werden. Auch die Lektüre von Fachbüchern kann verordnet werden. Für einen hochbezahlten Konstruktionsingenieur ist es zumutbar, drei bis fünf Stunden pro Woche seiner Freizeit mit Fachbüchern zu verbringen, ohne gleich nach finanziellem Ausgleich zu rufen. Hier empfehle ich Ihnen die autodidaktische Qualifizierung der Mitarbeiter über Ihr Qualitäts- und Management-System zu institutionalisieren. Für den Aufbau von unternehmensspezifischen

Fachkenntnissen wie zum Beispiel Produkt-Know-how kann man Mitarbeiter durch interne Traineeprogramme schulen. Dies gilt sogar für Mitarbeiter, die schon einige Jahre im Unternehmen arbeiten, jetzt aber eine neue Produktlinie oder Ähnliches kennenlernen wollen. Der vorübergehende Aufenthalt eines Konstrukteurs im Vertrieb, in der Produktion oder im Kundendienst ist eine sehr lehrreiche und positive Befähigungsmaßnahme. Neben den fachlichen Kompetenzen werden auch die Prozeduren der anderen Abteilungen aufgenommen. Darüber hinaus können sich die Mitarbeiter besser kennenlernen. Eine weitere hausinterne Befähigungsmethode ist die Installation von Patenschaften. Ein für ein Themenfeld unerfahrener Mitarbeiter wird dem erfahrenen für einen Zeitraum von wenigen Wochen zugeordnet. Dabei ist die Auswahl der Mitarbeiter unabhängig von ihrer Betriebszugehörigkeit. Ausschlaggebend ist ausschließlich die Erfahrung in den zu lernenden Themenbereich. Der erfahrene Kollege bekommt die Aufgabe, sein Wissen bei der Abarbeitung des Tagesgeschäftes möglichst systematisch zu übermitteln. Wichtig dabei ist, dass die Patenschaft offiziell bekannt gegeben und nicht stillschweigend vereinbart wird, denn sonst geraten beide Akteure in Erklärungsnotstand, wenn sie ständig paarweise auftreten. Der Wissensspender muss natürlich ein gewisses Maß an Offenheit mitbringen und angstfrei bezüglich seiner eigenen Position sein. Andernfalls wird er seine Kenntnisse nicht loslassen. Das Fachwissen – inklusive der EDV-Kenntnisse – kann von Ihnen also problemlos aufgebaut werden.

Wie arbeitet man Aufgaben ab? – Methodenkompetenz

Etwas anders sieht es bei der Methodenkompetenz aus. An oberster Stelle steht das systematische Arbeiten. Das ist eine Fähigkeit, die ein technisch ausgebildeter Mensch während seines Studiums bis zur Perfektion lernt. In der Praxis ist es aber oft so, dass sehr viele Mitarbeiter nicht in der Lage sind, Ihre Aufgaben nach einem verordneten oder selbst gegebenen System abarbeiten zu können. Häufig werden Konstruktionen ziellos und ohne klare Aufgabenfolge abgearbeitet. Das führt dazu, dass wichtige Zwischentermine verpasst werden. Bestellzeitpunkte, Freigaben und Meilensteine werden nicht eingehalten. Es ist offensichtlich für die „kreative Kraft" nach wie vor schwer, System in die Bearbeitung von Aufgaben zu bringen.

Die nächste häufig zu vermissende Methodenkompetenz ist die Fähigkeit, die richtigen Hilfsmittel auszuwählen. Nicht jede Untersuchung von Störkanten im Raum muss mit CAD durchgeführt werden. Oft ist in solchen Fällen der Musterbau mit einer schnellen handwerklichen Lösung die richtige Variante. Beispiele aus diesem Themenbereich gibt es viele, die aber hier nicht alle zitiert werden können. Festhalten möchte ich aber, dass die Mitarbeiter immer wieder daraufhin kontrolliert werden müssen, ob die von ihnen eingesetzten Hilfsmittel angemessen sind.

Eine der wichtigsten Methodenfähigkeiten ist die angemessene Informationspolitik. Die Frage ist: Wer muss wann was wissen? Die Kunst, nicht zu wenig, aber auch nicht zu viel, zu informieren, ist ebenso schwierig, wie wichtig. Es gibt zahllose Unternehmen in denen genau an dieser Stelle die meisten Fehler gemacht werden. Wird zuwenig informiert, gehen wichtige Informationen verloren, was dann zu späteren Zeitpunkten zu Trouble-shooting-Aktionen führt. Wird zuviel informiert – nach dem Prinzip: „Vorsichtshalber alle Personen in jeden Verteiler nehmen" – gehen sie in der Informationsflut unter. Die Angemessenheit des Informationsmanagements kann nicht vom grünen Tisch der Führungskraft aus verordnet werden. Der Mitarbeiter muss selbst in der Lage sein zu wissen, wer was wann erfahren muss. Dazu benötigt er die Kenntnis über die Abläufe der eigenen und der anderen Abteilungen. Wenn er dieses kennt, wird die Informationsmenge automatisch angemessen. Der Königsweg zum Aufbau dieser Kompetenz ist die Jobrotation. Wer einmal in der Nachbarabteilung gearbeitet hat, weiß welche Informationen wichtig sind. Jobrotation ist aber nicht in allen Unternehmen praxisgerecht. Besonders in kleinen und mittleren Firmen würde der Austausch von Mitarbeitern alle Abläufe lahm legen. Deshalb müssen die Kenntnisse über Prozesse anderer Abteilungen anders aufgebaut werden. Regen Sie die Chefs Ihrer Nachbarabteilungen an, ihre Prozeduren mit einem kurzen Vortrag vor Ihren Mitarbeitern transparent zu machen. Wird eine solche Präsentation dann zwei- bis dreimal im Abstand von mehren Monaten wiederholt, ist die gewünschte Kenntnis in der Regel aufgebaut. Die Informationsflut wird sich dann von allein normalisieren.

Ein ähnliches weit verbreitetes Defizit ist die Unfähigkeit der Mitarbeiter, ihre Aufgaben vorzuplanen, zu terminieren und in der richtigen Priorität abzuarbeiten. Hier sollten Sie den Stand der Fähigkeiten Ihrer Mitarbeiter prüfen und schlicht und einfach ansprechen. Viele Menschen sind sich nicht darüber im Klaren, wie wichtig solche Methoden sind. Zeigen Sie konkret auf, wie das Zeitmanagement Ihrer Leute aussehen sollte. Oft ist die Vorgabe einfacher Methoden schon genug Abstellmaßnahme für das Nichtvorhandensein von diesen Kompetenzen. Hierbei schreibe ich nicht ausschließlich von Projektplanungssoftwares. Häufig reicht es aus, einem Mitarbeiter die geschickte Anwendung einer Aufgabenliste, eines Kalenders und eines Wiedervorlagesystems zu zeigen. Auch wenn es banal klingt, ist es erforderlich, dass Sie Ihren Mitarbeitern die Anwendung solcher methodischen Hilfsmittel immer wieder zeigen und vormachen, solange bis diese eigenständig größere Aufgaben steuern können. Überprüfen Sie, ob Ihre

Mitarbeiter methodisch arbeiten können. Besonders in Konstruktions- und Entwicklungsabteilungen führt die vermeintliche Dominanz der Kreativität dazu, dass einige Mitarbeiter glauben, kreativ zu sein reiche aus. Das ist natürlich schon lange nicht mehr der Fall. Mitarbeiter müssen in der Lage sein, Aufgaben wie Projekte eigenständig zu planen, zu steuern und durchführen zu können. Ist das nicht der Fall, bleibt diese Art der Arbeit bei Ihnen.

Soziale Fähigkeiten

Kommen wir nun zu einer Kompetenz, die viele Jahre lang als unwichtig erachtet wurde: Die Sozialkompetenz. Gemeint ist hier die Fähigkeit, sich in der zwischenmenschlichen Kommunikation geschickt verhalten zu können. Die Führungskräfte von Wirtschaftsunternehmen haben erst seit wenigen Jahren verstanden, dass solche Fähigkeiten dem Arbeitsprozess dienlich sind. Das krasse Gegenbeispiel zu einer sozialkompetenten Person ist der cholerische, patriarchalische Chef. Er reagiert launisch und unangemessen. Solche Führungskräfte sind häufig in der Nachkriegs- und Gründergeneration zu finden. Sie sind in der Regel von einer militärischen Ausbildung oder Erziehung geprägt. Diese Unternehmensdiktatoren haben ihre Mitarbeiter wie Leibeigene behandelt. Zum Glück stirbt dieser Typ Chef zur Zeit aus. Die heutige und zukünftige Generationen von Führungskräften und Mitarbeitern können nicht mehr so miteinander umgehen. Wenn es darauf ankommt, ohne „Macht der Funktion" Mitarbeiter zu führen oder Kollegen zu überzeugen, helfen Wutausbrüche und cholerische Anfälle schon lange nicht mehr. Wir müssen also sozial kompetent kommunizieren.

Im Kommunikationsprozess sind wir bei der Art unseres Sozialverhaltens von unseren Emotionen abhängig. Zum Glück wird das Thema der Emotionen auch im Geschäftsleben immer gesellschaftsfähiger. Werke wie EQ + EQ^2 von Daniel Goleman besprechen sogar sehr eindringlich die Tiefe der Zusammenhänge zwischen der eigenen emotionalen Ausrichtung und dem beruflichen Erfolg. Daniel Goleman behauptet, dass die wahre Sicht und Erkenntnis nur vom Herzen ausgehen kann. Die Augen können die Menschen nur von außen betrachten. Die Herzen können auch in sie hineinsehen. Diese Einschätzung kann ich nur unterstützen. Jeder Mensch hat bestimmte emotional geprägte Verhaltens- oder Reaktionsmuster abgespeichert. Diese sind in einem Teil des Gehirns, dem Mandelkern, als Information hinterlegt. Alle unsere Entscheidungen und Reaktionen werden von diesen Prägungen mitbestimmt. Wer gegenüber seinen Mitarbeitern Wutausbrüche oder andere unangemessene Reaktionen zeigt, ist häufig Sklave dieser Abspeicherungen im Gehirn. Nur durch die Bewusstmachung der

Muster versetzen wir uns in die Lage, in diesen Situationen frei entscheiden zu können, ob wir so wie immer oder diesmal anders reagieren wollen. Unbewusste Muster zwingen uns immer wieder zu den gleichen Reaktionen. Darüber hinaus gehört zum positiven Sozialverhalten Selbsterkenntnis. Denn nur wer eine große Selbstwahrnehmung hat, ist in der Lage, Empathie zu empfinden. Die Grundvoraussetzungen für eine optimale Kommunikationsfähigkeit sind also nicht nur interpersonelle, sondern auch intrapersonelle Fähigkeiten. Wer seine Emotionen kennt und beurteilen kann, kann auch die der Anderen bewerten.

2 Ihre Mitarbeiter müssen ihre Probleme selbst lösen können

Hierzu möchte ich ein Denkmodell von Stephen R. Covey zitieren. Es basiert auf drei Kategorien, in die wir alle unsere Probleme aufteilen können. Die erste Kategorie bezeichnet die Probleme der „direkten Steuerung". Hier passen alle Schwierigkeiten hinein, die wir mit unserem eigenen Verhalten verursachen. Komme ich beispielsweise aufgrund meiner eigenen Faulheit oder aufgrund meines fehlenden Organisationstalentes oft zu spät zu Besprechungen, bekomme ich mit meinem Chef Ärger. Das ist dann ein Problem, das ich selbst verursacht habe. Weil ich mein Verhalten selbst beeinflussen kann, heißt diese Kategorie „Probleme direkter Steuerung".

Im Geschäftsleben sind die meisten Schwierigkeiten aber die, die von anderen verursacht wurden. Das sind dann die Probleme der zweiten Kategorie, nämlich die der „indirekten Steuerung". Das sind alles Schwierigkeiten, die wir haben, die aber nicht von uns selbst verursacht wurden. Wir können hier also zwischen dem Problemverursacher und dem Probleminhaber unterscheiden. Die Probleminhaber sind immer wir, da wir uns ja sonst nicht damit befassen würden. Bei den Schwierigkeiten direkter Steuerung ist, wie oben schon beschrieben, der Probleminhaber und -verursacher ein und dieselbe Person. Bei unserer zweiten Schublade – Probleme der indirekten Steuerung – sind es unterschiedliche Personen. Sie haben zum Beispiel eine Konstruktionsaufgabe, die bisher ohne terminliche Schwierigkeiten abzuarbeiten war. Einige Teilaufgaben haben Sie an Ingenieurbüros vergeben. Nach der Hälfte der Durchführungszeit meldet sich das Ingenieurbüro bei Ihnen um mitzuteilen, dass der verabredete Termin sehr weit überzogen wird. Sie haben jetzt ein Problem, das Sie nicht selbst verursacht haben, also eines mit indirekter Steuerung. Es bleibt aber immer Ihr Problem.

Nun zu der dritten Kategorie. In diese kommen alle Aufgaben ohne jede Einflussmöglichkeit, also Dinge, die man nicht ändern kann. Das kann zum Beispiel der Ärger über das Wetter sein oder auch alle Ereignisse, die in der Vergangenheit liegen. Ich habe gehört, dass es Menschen geben soll, die sich über Jahre hinweg über Dinge ärgern, die in der Vergangenheit liegen, die sie aber nicht mehr ändern können. Über Aufträge, die Ihr Unternehmen nicht erhalten hat, sollten Sie sich nicht länger als fünf Minuten ärgern, denn ab dann liegt dieses Ereignis in der Vergangenheit. Jetzt kommt es nur noch darauf an, daraus für die Zukunft zu lernen. Das Problem des nicht erhaltenen Auftrages ist unbeeinflussbar, gehört also in die dritte Kategorie.

Bitte nehmen Sie sich nun etwas Zeit, Ihre Schwierigkeiten des Tagesgeschäftes in die drei oben beschriebenen Schubladen zu verteilen und zwar so, dass kein Problem übrig bleibt. Die Kunst besteht darin, die richtige Zuordnung zu finden. In der Regel gibt es nur wenig Probleme, die Sie selbst verursacht haben, denn diese sind recht einfach abstellbar. Alle anderen Probleme sind dann die der indirekten Steuerung oder unbeeinflussbar. Die Entscheidung zu fällen, Ihre tagesgeschäftlichen Probleme als beeinflussbar oder nicht beeinflussbar zu kategorisieren, ist eine schwierige Aufgabe. Denn wer zu viele seiner Probleme in die Kiste der unbeeinflussbaren steckt, wird über kurz oder lang seinen Job verlieren. Er löst nicht die Aufgaben die anstehen, sondern lässt sie unerledigt und wird irgendwann scheitern. Packt man aber zu wenig Probleme in diese Schublade, ist die Wahrscheinlichkeit groß, dass man ausbrennt oder den Verstand verliert, weil man sich mit Aufgaben befasst, die nicht lösbar sind. Es ist also mehr als wichtig die richtige Schublade zu finden.

Um die Probleme mit direkter Steuerung – also die, die man selbst verursacht hat – zu lösen, muss man lediglich sein eigenes Verhalten ändern. Man baut zum Beispiel Gewohnheiten ab oder legt sich neue zu. Will man die Schwierigkeiten der indirekten Steuerung lösen, muss man das Verhalten anderer verändern. Also den Einfluss auf Dritte erweitern. Wie geht das? Den Einfluss auf andere zu erweitern heißt, das eigene Verhalten gegenüber dieser Person so zu modifizieren, dass sie ihr Verhalten ändert. In der Kategorie ohne Einflussmöglichkeit bleibt Ihnen nur, die Dinge zu akzeptieren und, wenn möglich, dazu zu lächeln. Das ist nicht nur das Einzige, was man dazu tun kann, sondern auch das Beste.

Die drei Kategorien haben also eine Gemeinsamkeit: Es sind immer wir, die etwas tun können, nämlich unser eigenes Verhalten ändern. Wir haben die Macht, alle unsere Probleme zu lösen und Aufgaben zu bewältigen. Ob es sich um eine direkte Problemlösung, die Vergrößerung des eigenen Einflussbereiches oder die Akzeptanz von Unveränderbarem handelt, es sind immer wir, die etwas tun.

3 Die häufigsten Probleme und ihre Lösungen

Nun noch einige Details zu den „Problemen der indirekten Steuerung", denn das sind im Geschäftsleben die am häufigsten auftretenden Probleme. Wie oben schon beschrieben, werden solche Schwierigkeiten von anderen verursacht, Ihnen aber als Geschenk übergeben. Durch die Annahme Ihrer Position nehmen Sie dieses Geschenk an. Leider gibt es immer noch Zeitgenossen, die aus der Erkenntnis heraus, dass andere die Problemverursacher sind, behaupten, dass es sich nicht um ihre eigenen Probleme handelt; aber genau das ist falsch. Sie haben sie nur nicht verursacht. Der Verursacher und der Inhaber des Problems unterscheiden sich hauptsächlich in ihrer Motivation, es zu lösen. Die Problemverursacher haben in der Regel keinerlei Ambitionen, die vorliegende Aufgabe anzupacken, da sie keine Nachteile durch die Existenz des Problems haben. Die Nachteile hat der Probleminhaber. Wenn der jetzt aber sagt, dass es sich nicht um sein Problem, sondern um das des Problemverursachers handelt, gibt es niemanden, der sich um die Lösung kümmert. Möglicherweise ist der Problemverursacher eine Maschine, ein System oder eine abstrakte Größe wie zum Beispiel ein schlechtes Betriebsklima. Dann besitzt der Verursacher noch nicht einmal Ohren, mit denen er hören könnte, dass er das Problem abzustellen habe. Trotzdem kann man immer wieder beobachten wie Mitarbeiter, die Probleminhaber sind, über Computer, Organisationsformen oder Stimmungen schimpfen, anstatt sich als Inhaber der Schwierigkeiten zu begreifen und das Heft in die Hand zu nehmen. Es gibt also nur eine Person, die die Schwierigkeiten lösen kann: den Probleminhaber. Denn der hat die Motivation etwas zu tun, die Macht und den Nutzen davon. In solchen Fällen ist Handeln nutzbringender als Leiden, auch wenn Leiden einfacher ist.

Handeln heißt, seine Einflussmöglichkeiten auf den oder die Verursacher so zu verändern und zu erweitern, dass das Problem abgestellt wird. Wenn wir davon ausgehen, dass der Produzent des Problems ein Mensch ist, gibt es mehr als eine Möglichkeit, auf ihn einzuwirken. Im Folgenden einige Beispiele, was getan werden kann:

Argumentieren

Das Erste, was uns in diesem Zusammenhang einfällt, ist das Argumentieren. Wir versuchen, unseren Gesprächspartner durch schlüssige Argumente von unseren Zielen zu überzeugen. Wenn diese nicht mit seinen übereinstimmen, wird er alles andere tun, nur nicht unsere Wünsche erfüllen. Schlägt also der Argumentationsversuch fehl, versuchen wir Macht auf unseren Gesprächspartner auszuüben. Ist er ein Mitarbeiter oder ein Lieferant von uns, fällt das leicht. Die Macht, die wir hier benutzen, ist die der Funktion. Sie wurde uns durch die Hierarchie des Unternehmens verliehen. Sind wir unserem Gesprächspartner nicht vorgesetzt, funktioniert diese Art der Machtausübung nicht. Aber auch die eigenen Mitarbeiter sind manchmal erstaunlich standhaft bei der Nichtausführung unserer Anweisung. Also auch hier ist die Macht der Funktion kein Garant für den Erfolg. Die nächste Stufe der Beeinflussungsversuche ist die Erhöhung der Lautstärke beim Argumentieren und Anweisen. Lautes Schreien wird auch heute immer noch gern als Beeinflussungsmethode benutzt, in der Hoffnung, dass das Gegenüber vielleicht einfach nur ein Hörproblem hat. Haben im Vorfeld die Argumente und die äußere Macht keine Früchte getragen, ist das Erheben der Stimme in der Regel auch erfolglos. Oft ist hier – bezüglich der Vergrößerung des Einflussbereiches auf Andere – bei vielen Menschen das Ende der Fahnenstange erreicht. Sie sind mit ihrem Latein am Ende. Wir aber nicht.

Richtig verstehen und richtig verstanden werden

Wir – Sie, lieber Leser, und ich – wissen, dass es jetzt erst richtig interessant wird. Es geht darum, dass die Kommunikation zwischen dem Probleminhaber und Problemverursacher optimiert wird. Wenn Sie das Gefühl haben, von Ihren Gesprächspartnern nicht richtig gehört zu werden, sollten Sie an Ihrer Meisterschaft zum Kommunikationsprofi arbeiten. Diese fängt mit dem Verstehen des Gegenübers an. Die goldene Regel heißt: „Bevor ich verstanden werde, muss ich verstehen". Denn erst nachdem ich verstanden habe, kann ich mich auf meinen Gesprächspartner so einstimmen, dass er mich verstehen kann.

Aktives Zuhören

Die wichtigste Kommunikationsform beim Verstehen ist das Zuhören. Die offensichtlichsten Kommunikationsarten des Geschäftslebens sind Reden, Zuhören, Schreiben und Lesen. Lesen und Schreiben haben wir in der Schule gelernt. Sprechen haben wir bei unseren Eltern gelernt. Nur das Zuhören hat uns oft niemand beigebracht. Wie wichtig aber das Zuhören ist, zeigt uns schon die Anatomie unseres Körpers, denn wir haben zwei Ohren aber nur einen Mund. Demzufolge ist schon von der Natur her das Zuhören wichtiger als das Reden. Auch Volksweisheiten wie „Reden ist Silber, Schweigen ist Gold" zeigen in diese Richtung. Dennoch sieht es in der Praxis oft anders aus. Meistens wird die Redezeit des Gesprächspartners als Vorbereitungszeit für die eigene Antwort benutzt. Das wird dadurch unterstützt, dass das Gehirn um ein Vielfaches schneller funktioniert als das Mundwerk. Das ist der Grund dafür, warum wir als Zuhörer schon sehr früh zu wissen glauben, was der Sprecher sagen will, lange bevor der Monolog beendet ist. Besonders wenn sich die Gesprächspartner seit vielen Jahren kennen, weiß der Zuhörer schon nach wenigen Worten, was der Sprecher meint – oder er glaubt es zu wissen. In solchen Fällen hat der Zuhörer den Kopf frei für die Vorbereitung der eigenen Antwort. Meistens ist dann diese auch noch autobiographisch. Das heißt, das die Antwort mit eigenen Erlebnissen und Erfahrungsberichten gespickt wird und möglicherweise wenig zur Sache beiträgt. Im schlimmsten Fall sind die Geschichten für den Gesprächspartner uninteressant oder bekannt und bieten dadurch wiederum Platz zur Antwortvorbereitung. Auf diese Weise kann es passieren, dass ein Gespräch zum Austausch eigener Standpunkte und Erfahrungsberichte wird, ohne dass die Gesprächspartner die Meinung des anderen aufnehmen und sich an der Sache irgendetwas ändert. Um sich vor diesem Mechanismus zu schützen, gibt es das Instrument des „aktiven Zuhörens". Durch Zuhören gibt man dem Gesprächspartner neben dem Effekt, dass man auch tatsächlich aufnimmt was er sagt, Aufmerksamkeit und Anerkennung. Die braucht er, um sich seinerseits für Ihre Argumente zu öffnen. Er fühlt sich vielleicht nur wegen des aufmerksamen Augenkontakts und Ihrer positiven Signale des Zuhörens so verstanden, dass er bereit ist, Ihren Ausführungen zu folgen. Darüber hinaus hat das aktive Zuhören den Effekt, ein Vielfaches an Informationsgehalt transportieren zu können. Leider ist die dadurch erwirkte Zeitersparnis nicht zu quantifizieren.

Um aktiv zuhören zu können gibt es eine Technik, die leicht angewandt werden kann. Es geht darum, Ihr Gehirn so zu beschäftigen, dass es nicht in die Lage kommt, sich eine Antwort auszudenken. Während Ihr Gesprächspartner redet, konzentrieren Sie sich so auf seine Ausführungen, um anschließend sein Statement wiederholen zu können. Dabei ist es Ihnen überlassen, ob Sie es wörtlich, mit Ihren eigenen Worten oder mit Ihren Interpretationen wiederholen. Wichtig dabei ist, dass sich Ihr Gehirn mit der Speicherung des Gesagten beschäftigt. Wenn Sie es im Anschluss an Ihre Wiedergabe schaffen, einige Sekunden zu schweigen, kommt von Ihrem Gesprächspartner garantiert eine zusätzliche Erläuterung mit weiteren Informationen. Die wären Ihnen bei autobiographischen Sofortantworten verloren gegangen.

3 Die häufigsten Probleme und ihre Lösungen

Beispiel:

Sie als Konstruktionsleiter haben einem Ihrer Mitarbeiter eine wichtige terminkritische Aufgabe übergeben. Sie bemerken, dass das Projekt immer zeitkritischer wird und stehen kurz davor, ihn zur Rede zu stellen. Genau in diesem Moment kommt der Mitarbeiter auf Sie zu und fragt Sie nach der Genehmigung einer Woche Urlaub. Nun haben Sie die Möglichkeit, auf unterschiedliche Arten zu reagieren. Sind Sie kein aktiver Zuhörer, könnten Sie zum Beispiel sagen: „Sie spinnen wohl, in diesem Projekt gibt es keinen Urlaub. Marsch, zurück an Ihre Arbeit, der Termin ist schon fast nicht mehr zu halten". Sind Sie ein autobiographischer Antworter, könnte Ihre Antwort so lauten: „Sie in Urlaub? Wenn hier einer urlaubsreif ist, dann bin ich das. Ich habe seit 10 Monaten keinen einzigen Tag Urlaub gemacht". Beides sind Antworten eines Nicht-Zuhörers, die garantiert nicht dazu dienen, dieses Problem, das sie ja als Probleminhaber besitzen, zu lösen. Im Gegenteil, Sie hatten ja schon vor dem Urlaubswunsch Ihres Mitarbeiters Terminschwierigkeiten, die sich nun noch zu verschärfen drohen. Wären Sie aber ein aktiver Zuhörer, könnten Sie zum Beispiel sagen: „Sie wollen Urlaub!" – Schweigen, Schweigen, Schweigen. Wenn Sie lange genug schweigen, wird wahrscheinlich von Ihrem Mitarbeiter so etwas kommen wie: „Ja, meine Frau möchte, dass ich mal ausspanne". Ihre Antwort: „Sie sollen ausspannen!" – Schweigen, Schweigen, Schweigen. „Meine Frau sagt, ich arbeite zu viel. In der Tat, ich bin fast täglich bis 20 Uhr hier. Dadurch bin ich zu Hause oft gereizt". Ihre Antwort könnte heißen: „ Sie sind überarbeitet?" – Schweigen, Schweigen, Schweigen. „Nein, natürlich nicht, aber das Projekt, das ich zur Zeit habe, fordert mich schon ziemlich stark und ist, wie ich finde, technisch anspruchsvoll. Das hätte ich am Anfang nicht gedacht". Wenn Sie jetzt noch sagen: „Anspruchsvoll?" und dann wieder lange genug schweigen, liefert Ihnen Ihr Mitarbeiter garantiert den Hauptproblempunkt des Projektes, der ihm so große Kopfschmerzen bereitet. Ob Sie ihm nun kurzfristige Hilfestellung zur Rettung des Projektes geben können, hängt vom Projekt und vielen anderen Umständen ab. In jedem Falle aber ist Ihre Kenntnis über die Details des Projektes um ein Vielfaches größer, als hätten Sie ihm etwas über Ihre Urlaubsreife erzählt. Vielleicht hat er Ihnen die Informationen geliefert, die Ihnen Ihr Problem des kritischen Termins transparent machen und helfen, es abzustellen. Und das alles nur, weil Sie zugehört und geschwiegen haben.

Sich auf andere einstellen

Aber nicht nur das Zuhören ist ein Element der meisterhaften Kommunikation, auch die Kunst, sich auf andere Menschen einstellen zu können, ist eine Fähigkeit, die Ihnen hilft, Ihre Problemverursacher in Ihrem Sinne positiv zu beeinflussen. Jeder Mensch stellt sich im Gespräch auf sein Gegenüber ein; der eine mehr und der andere weniger. Mir kommt es hier nur darauf an, dass Sie Ihre Sensibilität für dieses Thema schärfen und in Zukunft zu denen gehören, die in der Lage sind, mit der Fähigkeit, sich auf andere einstellen zu können, Ihren Erfolg und den Ihrer Abteilung positiv zu beeinflussen.

> **Übung:**
>
> Formulieren Sie für sich bitte folgende Frage an einen Ihrer Kollegen: „Sind die in der letzten Besprechung beschlossenen Maßnahmen von Ihnen durchgesetzt worden?" Wichtig bei Ihrer Formulierung ist, dass Sie sich Ihren Kollegen dabei vorstellen und die Frageform ganz individuell formulieren. Im Anschluss daran formulieren Sie bitte die thematisch gleiche Fragestellung so, als würden Sie sie einem Meister oder Vorarbeiter einer Produktionsabteilung Ihrer Firma stellen. Auch hier ist es wichtig, dass Sie sich diese Person vorstellen und Ihre Frage individuell stellen. Nun noch einmal die gleiche Thematik als Frage an die Sekretärin Ihres Geschäftsführers oder Ihres Vorstandes. Bitte stellen Sie sich auch hier die Dame oder den Herrn vor Ihrem geistigen Auge vor. In der Regel sind die drei Formulierungen, die Gesten und Ihre Köperhaltung bei allen Ansprechpartnern sehr unterschiedlich. Der Grund hierfür ist die Anpassung Ihres Kommunikationsstils auf Ihre Gesprächspartner.

Ich möchte Sie an dieser Stelle dazu anregen, diese in Zukunft aktiv einzusetzen. Ihr Gegenüber wird es Ihnen mit einem überraschend positiven Besprechungsergebnis danken. Für die Kommunikation zwischen einem Sender und einem Empfänger ist der Sender verantwortlich. Derjenige, der sich auf die Frequenz des Empfängers einstellen kann, versetzt sich in die Lage, verstanden zu werden. Jeder Mensch hat unterschiedliche Erfahrungen, Einschätzungen zu Sachverhalten, Grundeinstellungen und Temperamente. Deshalb ist die verständnisvolle Kommunikation zweier unterschiedlicher Menschen eher ein Zufall. Je mehr die Gesprächspartner in der Lage sind, diese unterschiedlichen Basen durch die Einstellung auf das jeweilige Gegenüber zu kompensieren, umso wahrscheinlicher wird die erfolgreiche Kommunikation. Das, was uns an der intensiven Durchführung der Anpassung an andere hindert, ist der innere Verdacht, seine eigene Person dabei zu verraten und sich selbst zu verlieren. Selbstverständlich müssen Sie sich hier nicht prostituieren oder anbiedern. Anpassung heißt nicht „Arschkriechen". Es geht nur um das Ziel, verstanden zu werden. Das Vokabular und die Argumentationsketten des Gesprächspartners sind die besten Werkzeuge, bei ihm Gehör zu finden. Zum Beispiel werden Mitarbeiter eines Unternehmens vom Betriebsrat als Kolleginnen und Kollegen, vom Vorstand als Manpower und von der Projektleitung als Ressourcen bezeichnet. Für ein und dieselbe Sache drei unterschiedliche Begriffe die, wenn sich die Gesprächspartner aus verschiedenen Bereichen nicht entsprechend einstimmen, regelmäßig zu Missverständnissen führen.

An sich selbst arbeiten

Eine weitere Form der Einflusserweiterung auf den Problemverursacher ist der Aufbau der eigenen Fähigkeiten. Was haben die eigenen Fähigkeiten mit dem Verhalten des Problemverursachers zu tun? Schließlich soll doch er und nicht wir etwas anders machen. Dennoch: Besonders wenn der oder die Verursacher von Problemen Mitarbeiter oder Kollegen Ihrer eigenen Firma sind, sind die Veränderung Ihrer eigenen Person und Ihres eigenen Verhaltens in die Richtung, die Sie eigentlich vom Anderen erwarten, die richtige Maßnahme. Seien Sie Vorbild für das, was Sie vom Anderen erwarten.

> **Beispiel:**
>
> Eine Führungskraft hat ein Problem mit der Kommunikation ihrer Mitarbeiter. Es entstehen immer wieder Zeitverzögerungen bei den Projekten der Mitarbeiter, weil sie sich in Besprechungen und Informationsaustauschen mit Kollegen extrem ungeschickt verhalten. Die Mitarbeiter benehmen sich teilweise wie „die Axt im Walde". Der Projektingenieur, der die Unterstützung einer anderen Abteilung – zum Beispiel EDV-Abteilung – benötigt und seine Bitte in massiver Befehlsform äußert, bekommt diesen Dienst in der Regel verspätet, langsamer und minderwertiger. Er bremst somit sein eigenes Projekt und wird durch sein unangemessenes Kommunikationsverhalten zu seinem eigenen Problemverursacher. Die Führungskraft, der Probleminhaber, also vielleicht Sie, macht nun nichts anderes, als mit den Mitarbeitern konsequent positiv zu kommunizieren und sich zu bemühen, jede Art der Befehlsform zu unterlassen. Möglicherweise wird es einige Wochen dauern, aber es ist höchstwahrscheinlich, dass der besagte Projektleiter sein Kommunikationsverhalten verbessert und in Zukunft die Dienste anderer Abteilungen projektgerechter erbittet. Das

> Vorbild hat gewirkt. Selbstverständlich ist das keine Methode das betroffene Projekt nachzuregeln, da hier das Kind bereits in den Brunnen gefallen ist. Aber vielleicht kann das nächste oder übernächste Projekt von dem neu hinzugewonnen positiven Verhalten profitieren.

Begeisterungsfähigkeit und Entschlossenheit

Eine weitere Methode, um unsere Problemverursacher zum Handeln zu bringen, ist der Aufbau der eigenen Begeisterungsfähigkeit und Entschlossenheit bezüglich des anstehenden Problems, beziehungsweise der anstehenden Lösung. Der Begriff Begeisterung ist heute leider aus der Mode gekommen. Kaum noch einer registriert, dass nicht begeisterte Mitarbeiter schwache Mitarbeiter sind. Manchmal sehen wir Menschen, die anscheinend alle Probleme, die sie haben, mit Leichtigkeit lösen. Sehen wir in diesen Fällen genau hin, ist es oftmals deren Begeisterung und Entschlossenheit, die ihnen den Weg ebnet. Im Folgenden werde ich eine Geschichte zitieren, die mir in diesem Zusammenhang einmal erzählt wurde. Leider kann der Autor nicht mehr recherchiert werden.

> **Beispiel:**
>
> Das Mädchen in der Mühle
>
> Eines Nachmittags half ich meinem Onkel beim Korn malen. Dieser besaß einen großen Hof, den er mit einer ganzen Reihe von Landarbeitern bewirtschaftete. Da öffnete sich plötzlich, langsam und leise die Tür. Ein kleines Kind, die Tochter eines Arbeiters, kam herein und stellte sich neben die Tür. Mein Onkel bemerkte das Kind und raunzte es an: „Was willst du denn?" Die Kleine antwortete bescheiden: „Meine Mami will, dass Sie ihr einen Taler schicken". „Ich werde mich hüten", erwiderte mein Onkel, „schau, dass du nach Hause kommst!" „Ja Herr", meinte sie, rührte sich aber nicht von der Stelle. Mein Onkel war so beschäftigt, dass er das Kind nicht weiter beobachtete. Als er wieder aufschaute und es immer noch am gleich Platz stehen sah, schrie er es an: „Hab ich dir nicht gesagt, du sollst nach Hause gehen? Nun aber schnell, sonst nehme ich die Rute!" „Ja Herr!", erwiderte das Mädchen, rührte sich aber immer noch nicht vom Fleck. Mein Onkel ließ den vollen Sack Getreide, den er gerade in den Mahltrichter schütten wollte fallen, ergriff einen Stock und ging drohend auf die Kleine zu. Ich hielt den Atem an. Ich war sicher, Zeuge einer Tätlichkeit zu werden. Ich kannte meinen Onkel und sein hitziges Gemüt. Als er vor dem Mädchen stand, trat dieses ebenfalls noch schnell einen Schritt

3 Die häufigsten Probleme und ihre Lösungen   53

> auf ihn zu, schaute geradewegs hinauf in seine Augen und schrie so kräftig es konnte: „Meine Mami braucht aber das Geld!" Mein Onkel blieb stehen, blickte die Kleine über eine Minute – eine schier unendliche Zeit – an, ließ den Stock sinken, suchte mit einer Hand in der Tasche, fand einen Taler und gab ihn ihr. Das Mädchen nahm das Geld und ging langsam rückwärts zur Tür, ohne den Mann, den es gerade besiegt hatte, aus den Augen zu lassen. Als es den Raum verlassen hatte, setzte sich mein Onkel schwer auf eine Kiste nieder und starrte länger als 10 Minuten ins Leere, noch immer betroffen von der Niederlage, die er soeben erlitten hatte.

Dieses Mädchen hat durch zielorientierte Entschlossenheit eine innere Macht entwickelt, die, ähnlich wie bei der Begeisterungsfähigkeit, die Gesprächspartner ohne viel Argumente zum Handeln veranlasst. Sicherlich wird hier unpassenderweise in der Geschichte von Sieger und Verlierer gesprochen. Das ist natürlich im modernen Geschäftsleben tabu, weil aus einem Gespräch beide Partner als Gewinner herausgehen sollten. Ist das nicht der Fall, wird die Zusage zum Handeln oft nach einer kurzen Bedenkzeit wieder zurück genommen.

Die Begeisterung ist mit einem positiven Virus zu vergleichen: Man kann ihn nur übertragen, wenn man ihn selber hat. Ein weiterer Vergleich ist der mit einer Flamme, die in Ihren Mitarbeitern brennen sollte. Diese können Sie nur entzünden, wenn Sie selber lichterloh brennen. Sind Ihre Mitarbeiter nicht entschlossen, begeistert oder mit dem Thema identifiziert, sollten Sie Ihre eigene Identifikation überprüfen. Wie ich in den Folgekapiteln noch mehrfach erwähnen werde, spiegeln die Mitarbeiter Ihr Verhalten wider.

Schwäche zeigen

Die nächste Methode zur Einflussbereichserweiterung ist eine sehr sanfte Vorgehensweise. Sie heißt „Schwäche zeigen". Dies ist eine Methode, die zwar sehr wirksam ist, aber in unserer sehr technischen und vor allem männlichen Welt nur wenig Anwendung findet. Hat beispielsweise ein Projektingenieur Probleme mit der Bereitstellung abteilungsfremder Mitarbeiter, die er für die Durchführung seines Projektes benötigt, kann er den zuständigen Abteilungsleiter, der diesen Personen vorgesetzt ist, auch damit von seinen Zielen überzeugen, indem er sich stark betroffen und traurig zeigt. Er kann seine Hilflosigkeit, die durch das Verhalten des anderen Abteilungsleiters entstanden ist, offen zeigen. Oftmals ist diese Art der Offenheit für den Gesprächspartner entwaffnend und wirkt öffnend. Dadurch kann sich der

Gesprächspartner für die Argumente des Projektleiters zugänglich machen, Verständnis aufbringen und seine Phantasie für die Lösung des nun gemeinsamen Problems ankurbeln. Die lebenden Beispiele für die erfolgreiche Anwendung dieser Methode sind die Frauen. Einer weinenden Frau, die ihre Wünsche äußert, kann man fast nichts abschlagen. Natürlich ist es einem Mann, aber auch einer Frau, im Berufsleben verboten, über die anstehenden Probleme zu weinen. Das Signal der Schwäche in kleinerer Form wie zum Beispiel ein Seufzer, ist oft schon der richtige Schritt zur konstruktiven Problemlösung. Verhärtete Positionen werden aufgeweicht und „dritte Lösungen" erkannt. Das wirkt aber nur, wenn die Schwäche wirklich ehrlich ist und nicht scheinbar professionell vorgespielt wird. Vorgegaukelte Schwächesituationen, die vom Gegenüber entlarvt werden, sind extrem kontraproduktiv und zerstören die Beziehung zwischen den Gesprächspartnern nachhaltig.

Um Hilfe bitten ist schwer

Ähnliches gilt für die Fähigkeit, um Hilfe zu bitten. Dies ist im Berufsleben eine nicht sehr verbreitete Eigenschaft. Wann haben Sie das letzte Mal einen Kollegen oder Mitarbeiter ehrlich um etwas, das Tagesgeschäft betreffend, gebeten? Und zwar mit dem Wort „bitte", das nicht nur so dahin gesagt wird, sondern auch so gemeint ist. „Bitte, Herr Kollege, helfen Sie mir bei der Bewältigung meiner Aufgabe". Solche Formulierungen gehen uns selten über die Lippen, da wir ähnlich wie beim „Schwäche zeigen" Angst haben, nicht als der Held oder der Macher zu gelten. Wer um Hilfe bittet, scheint sein Gesicht zu verlieren. Also tun wir es lieber nicht. Andererseits missachten wir aber niemanden, der uns um Hilfe bittet. Die Wahrscheinlichkeit, dass wir von jemand Anderm dafür missachtet werden, ist also vergleichsweise gering, denn die Anderen werden ähnlich denken und den Bittenden auch nicht verurteilen. Wir sollten demnach dieses Kommunikationswerkzeug auf eine ehrliche Art öfter einsetzen.

Die Wirkung der „asozialen Macht"

Diese weichen Fähigkeiten sind sehr machtvolle Hilfsmittel, um unsere Problemverursacher zu einer Verhaltensänderung zu veranlassen. Es sind Hilfsmittel der sozialen Macht. Die Werkzeuge, die Sie einsetzen, wenn Sie Ihre Funktion als Chef ausnutzen, nennt man die asoziale Macht. Soziale Fähigkeiten, die der Beeinflussung anderer dienen, sind immer energievoller als die äußeren Machtmittel der Hierarchie, weil unser Gesprächspartner dabei die Möglichkeit erhält, seine Meinung zu überdenken und dann aus

3 Die häufigsten Probleme und ihre Lösungen

eigenem Antrieb heraus eine neue Richtung einzuschlagen. Verhaltensänderungen aus der asozialen Macht heraus sind erzwungene Kompromisse. Der Gesprächspartner wird dann ausschließlich genau das tun, was von ihm verlangt wurde, ohne seine eigenen – vielleicht für Sie wertvollen – Ideen mit einzubringen. Lässt man dann den Druck nach, wird er sein neues Verhalten wieder unterlassen und das Problem, das Sie abschaffen wollten, wieder hervorrufen.

Beispiel:

Ein Konstruktionsmitarbeiter soll dazu veranlasst werden, regelmäßige Informationsgespräche mit der Produktionsabteilung zu führen. Sie als sein Vorgesetzter benötigen diese Gespräche, damit die Kapazitätsreservierungen für die Auftragsbearbeitung rechtzeitig von der Produktion vorgenommen werden können. Nun ist der Mitarbeiter nicht besonders an diesen Gesprächen interessiert, weil er seine Ansprechpartner in der Produktion aufgrund vergangener Streitigkeiten nicht mag. Sie als Führungskraft haben nun die Möglichkeit, den Mitarbeiter über Ihre Macht als Chef dazu zu zwingen, diese Gespräche in regelmäßigen Abständen zu führen. Sie haben aber auch die Möglichkeit, Ihren Mitarbeiter um Hilfe bei der Optimierung der Unternehmensprozesse zu bitten. Im ersten Fall wird er die Meetings in dem festgelegten Rhythmus führen, sie aber bei mangelnder Kontrolle Ihrerseits schnell wieder unterlassen. Die Macht der Funktion muss also ständig aufrecht erhalten werden. Im zweiten Fall wird der Mitarbeiter möglicherweise über seinen Schatten springen und für Sie die ungeliebte Tätigkeit erledigen. Voraussetzung ist natürlich, dass Sie es geschafft haben, den Wunsch, Ihnen zu helfen, zu erwecken. Dazu bedarf es aller oben beschriebenen Begeisterung, Entschlossenheit und der Fähigkeit, nicht immer als starker Held dastehen zu wollen. Im Idealfall wird der Mitarbeiter die Gesprächshäufigkeit nach dem tatsächlichen Bedarf variieren, weil ein im Vorfeld festgelegter Rhythmus selten praxisgerecht ist. Darüber hinaus wird die Qualität der übermittelten Informationen um ein Vielfaches besser sein, als wenn die Akteure zum Gespräch gezwungen werden. Selbstverständlich muss auch beim Wecken der Eigeninitiative der Mitarbeiter die Durchführung kontrolliert werden, aber lange nicht so oft und in der Intensität wie bei der Anwendung asozialer Macht.

Sie sehen also, dass die von Ihren Mitarbeitern – aber auch von Ihnen – benötigten Fähigkeiten sehr viel mehr sind, als nur reine Ingenieurkenntnisse. Wer sich mit der konsequenten Entwicklung seiner Mitarbeiter auf diesen Gebieten beschäftigt, wird die Leistungsfähigkeit seines Unternehmens nachhaltig stärken. Welche Mittel Ihnen dafür zu Verfügung stehen, möchte ich im übernächsten Kapitel beschreiben. Nun noch einige Überlegungen zur Organisation Ihres Bereiches und Unternehmens.

IV

ORGANISATIONSFORMEN IN KONSTRUKTION UND ENTWICKLUNG

1 Die Organisation muss dem Informationsfluss dienen

Ein wichtiges Element zur Führung von Konstruktions- und Entwicklungsabteilungen ist die richtige Wahl der Organisationsform. Hierbei ist zu unterscheiden, ob es sich um die Organisation der eigenen Abteilungen handelt oder um die organisatorische Einbindung der Abteilung ins gesamte Unternehmen. Letzteres kann der Abteilungsleiter meistens nicht ändern. Dennoch möchte ich hier einige Aspekte diskutieren, bei denen abteilungsübergreifende Organisationsstrukturen Auswirkungen auf die Effektivität der Konstruktionsprozesse haben. Auch wenn diese Erkenntnisse Sie nicht in die Lage versetzen, die Gesamtorganisation zu verändern, so ist es doch wichtig, bestehende Strukturen zu erkennen und negative Folgen durch andere Maßnahmen zu kompensieren. Grundsätzlich gibt es keine Organisationsform, die für jedes Unternehmen gültig wäre und als ideal zu bezeichnen ist. Darüber hinaus sollte keine Organisationsform ihrer selbst wegen eingeführt werden. Alle in den letzten Jahren aufgetretenen Organisations-Trends und -Moden hatten ihre Vorteile, aber auch ihre Nachteile. Der Stellenwert, der modernen Unternehmensphilosophien gegeben wird, ist häufig unangemessen. Sie müssen also Ihre ideale Organisationsform selbst finden. Kopiert man dabei die Abläufe anderer Unternehmen, kann man sich viel Arbeit und Fehler sparen. Es ist aber darauf zu achten, dass jedes Unternehmen bezüglich der Größe, der Produktstruktur, des Marktes, der historischen Entwicklung und vieler anderer Faktoren unterschiedlich ist.

Die Organisation ist ausschließlich dazu da, dem Informationsfluss der Prozesse zu dienen. Unter dieser Prämisse sind die folgenden Beispiele beschrieben.

2 Welche Organisationsform haben Sie?

Produktionsunternehmen kann man bezüglich der Prozessarten und -aufteilungen in drei Kategorien einteilen:
1. Serienproduzenten
2. Kundenproblemlöser (Sondermaschinen- und Anlagenbauer)
3. Mischform aus Serienhersteller und Kundenproblemlöser

Der Serienlieferant (Abb. 9) unterscheidet sich vom Anlagenbauer besonders durch die Tatsache, dass der Konstruktionsprozess nicht ein Teil des Auftragsabwicklungsprozesses ist.

Die Konstruktions- und Entwicklungsaufgaben werden beim Serienhersteller nicht direkt vom Kundenauftrag initiiert. Hier existiert eine Person oder ein Gremium, die den Entwicklungsprozess auslösen. Beim Anlagenbauer (Abb. 10) ist das anders. Hier wird die Konstruktion oder sogar die Entwicklung innerhalb des Kundenauftrages abgewickelt. Der Liefertermin des Produktes wird von der Konstruktionszeit mitbestimmt. Natürlich kann auch ein Anlagenbauer eine auftragsunabhängige Entwicklung betreiben. Hat er keine separate Entwicklung, bestimmt er seine eigenen Innovationsschritte nicht selbst. Sie werden vom Markt und direkt vom Kunden festge-

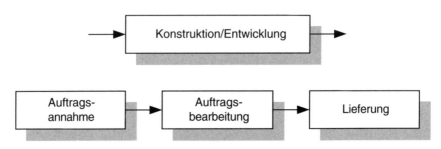

Abbildung 9: Informationsfluss eines Serienproduktherstellers

Abbildung 10: Informationsfluss eines Sonderproduktherstellers

legt. Dies ist nicht automatisch ein Nachteil. Einige Branchen leben sehr gut – ohne eigeninitiierte Produktentwicklung – indem sie einfach nur das konstruieren, was der Kunde im vorliegenden Auftrag von Ihnen möchte. Will man aber selbst Vorreiter einer Technologie werden oder bleiben, muss man einen vom Auftrag unabhängigen Entwicklungsprozess, ähnlich wie beim Serienhersteller, installieren. Das Gleiche gilt für die Unternehmen mit Mischformprozessen. Hier müssen beide Prozessarten, die auftragsunabhängigen und die im Auftrag integrierten Konstruktionen, vorhanden sein.

3 Die Voraussetzungen für die richtige Organisationsform ändern sich ständig

Häufig ist es so, dass ein Hersteller von Serienprodukten in einem enger werdenden Markt immer mehr auf Kundenwünsche eingeht. Teilweise sind diese so tiefgreifend, dass die Produkte für den Auftrag umkonstruiert werden müssen. Der Schritt vom Serienhersteller zum Kundenproblemlöser ist möglicherweise unbemerkt gemacht. In solchen Fällen stellt der Konstruktionsleiter am Jahresende fest, dass die zu entwickelnden Neuprodukte aufgrund der kapazitiven Belastung durch die Auftragskonstruktion unentwickelt geblieben sind. Um solchen Veränderungen entgegen zu wirken, hat das Unternehmen zwei Möglichkeiten: Entweder werden die Kundenwünsche abgelehnt oder die Kapazität der Konstruktionsabteilung erhöht. Bei dem zuletzt genannten Punkt ist darauf zu achten, dass die Kapazitätsaufstockung nicht dazu dient, nun noch mehr Kundenwünsche unbemerkt zu erfüllen. Besteht in Ihrem Hause diese Gefahr, empfehle ich Ihnen, die Bereiche Auftragskonstruktion und Serienproduktentwicklung auf zwei verschiedene Konstruktionsabteilungen zu verteilen. Die Kundenwünsche abzulehnen, ist in der Regel unrealistisch, da der Wettbewerb, besonders in hart umkämpften Märkten, die Sonderwünsche erfüllt und Ihrem Haus dadurch Marktanteile abnimmt. Oftmals bleibt Ihnen nichts anderes übrig, als Ihre Katalogprodukte mit kundenspezifischen Applikationen zu versehen. Sie als Konstruktionsleiter sollten in einer solchen Situation darauf achten, dass sich die Aufgabe und Rolle Ihrer Abteilung ändern. Wer in einer solchen Situation die Augen schließt und hofft, dass die Neuprodukte schon irgendwie zwischendurch entwickelt werden können, wird eines Besseren belehrt werden.

4 Die Qualifikation anderer Abteilungen bestimmt Ihre Organisation

Nachfolgendes Diagramm (Abb. 11) stellt den Informationsfluss eines mittelständischen Anlagenbauers dar.

Ein Vertrieb mit Außendienststruktur nimmt die Anfragen des Kunden entgegen und bearbeitet sie mit Unterstützung der anderen Abteilungen bis zum unterschriftsreifen Auftrag. Bei den nachfolgend beschriebenen Beispielen gehe ich davon aus, dass der Vertrieb eine kaufmännische Ausbildung hat und durch seine langjährige Berufserfahrung entsprechende technische Kenntnisse. Eine solche Abteilung hat die Aufgaben, neue Anfragen zu erwirken und einen möglichst hohen Anteil dieser Anfragen in Aufträge umzuwandeln. Diese Aufträge werden in Form von Auftragsbestätigungen, Lasten- oder Pflichtenheften an die Konstruktionsabteilung weitergeleitet, die die Kundenwünsche in fertigungsgerechte Unterlagen wie Zeichnungen, Stücklisten und Dokumentationen transformiert. Die oben beschriebene Konstellation erfordert in der Konstruktionsabteilung in der Regel sehr viel Aufwand zur technischen Klärung der Aufträge. Das Aufgabenspektrum der Konstruktion ist ein viel breiteres, als wenn sie bei technisch perfekt geklärten Aufträgen nur den kreativen Anteil der Arbeit erledigen würde.

Leistet sich ein Unternehmen einen technischen Vertrieb oder gar eine Projektierungsabteilung (Abb. 12), ist das Tagesgeschäft der Konstrukteure gegenüber dem oben beschriebenen Beispiel extrem unterschiedlich. Diese können sich dann auf die rein konstruktiven Bearbeitungsanteile konzentrieren.

Der Anteil der administrativen Tätigkeiten ist damit wesentlich geringer. Diese Zusammenhänge werden von den meisten Akteuren nicht wahrge-

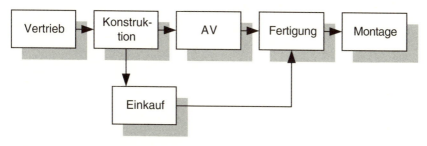

Abbildung 11: Informationsfluss eines mittelständischen Anlagenbauers ohne Projektierung

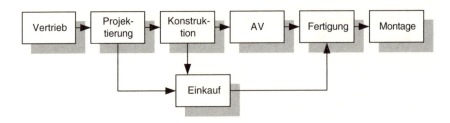

Abbildung 12: Informationsfluss eines mittelständischen Anlagenbauers mit Projektierung

nommen, da sie sich in der Regel seit Jahren eingespielt haben. Interessant wird diese Thematik dann, wenn sich die Qualifikation der Vertriebs- oder Projektierungsabteilung verändert. Nimmt die technische Potenz durch Kündigung bestimmter Mitarbeiter oder Umstrukturierungen ab, wandern die Aufgaben der technischen Klärung in die Konstruktion. Wenn beispielsweise eine Projektierungsabteilung aus Kostengründen eingespart wird, verändert sich der Input in die Konstruktionsabteilung dramatisch. Der Output in die Nachfolgeabteilungen wie Arbeitsvorbereitung oder Produktion muss jedoch der gleiche bleiben. Die fertigungsgerechten Unterlagen werden nach wie vor in identischer Qualität benötigt. Da die Konstruktions- und Entwicklungsabteilungen die „technische Zentrale" der produzierenden Unternehmen sind, ist es wesentlich für diese Bereiche, welche anderen technischen Qualifikationen im Hause vorhanden sind. Jede Veränderung der technischen Qualifikation anderer Abteilungen führt zur Änderung des Tagesgeschäftes in der Konstruktion.

5 Projektmanagement als Organisationsform

Eine besondere Form der Organisation ist das Projektmanagement; heute eine sehr weit verbreitete Abwicklungsmethode, die in verschiedenen Ausprägungen vorkommt. Die Komplexität und Interdisziplinarität der Aufträge sind Gründe für die Einführung von Projektmanagement. Der Hauptvorteil dieser Organisationsform ist die Übernahme der Verantwortung für die Abwicklung der Aufgabe und für die Weitergabe und Annahme aller projektbetreffenden Informationen durch eine einzelne Person. Die Funktionsfähigkeit von Projektmanagement hängt neben dem Sozialverhalten der Betroffenen auch sehr stark von der Organisationsform, mit dem es implementiert ist, ab. Die häufigste Organisationsform ist die Matrix (Abb. 13).
Hier existiert die alte hierarchische Aufbauorganisation nach wie vor weiter. Die Abteilungen „teilen sich immer noch ab" und können dadurch ein spezifisches Abteilungs-Know-how – wie zum Beispiel Konstruktionskenntnisse – besser halten und aufbauen. Gleichzeitig wird der prozessorientierte Projektleiter als Klammer zwischen den Abteilungen und den projektbezogenen Arbeiten installiert. Dieser Projektleiter ist für ein oder mehrere Projekte verantwortlich. Im Idealfall leiht der Linienvorgesetzte – Abteilungsleiter

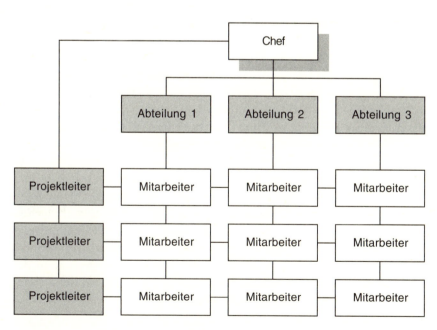

Abbildung 13: Die Matrix-Organisation

– seine Mitarbeiter ganz oder teilweise an den Projektleiter aus. Dieser benutzt die Mitarbeiter als Ressource für die Abarbeitung seines Projektes. Ein großer Vorteil der Matrix ist die schnelle Rekrutierung von Projektteams mit Mitarbeitern, die aus der Praxis kommen und entsprechendes Knowhow mitbringen. Ist das Projekt abgeschlossen, werden die Mitarbeiter wieder zurück in die Linie bzw. in das nächste Projekt geschickt. Ein wichtiger und nicht zu verheimlichender Nachteil der Matrixorganisation ist die Tatsache, dass die Mitarbeiter zwei Herren dienen, dem Projektleiter für das Projektgeschäft und dem Linienvorgesetzten für die projektunabhängigen Tätigkeiten. Dadurch wird die Beziehung zwischen dem Mitarbeiter und dem Abteilungsleiter erschwert. Der Mitarbeiter entscheidet immer mehr Dinge selbst oder gemeinsam mit dem Projektteam. Das bedeutet, er geht größere Risiken ein als in einer rein hierarchischen Organisationsform. Im Gegenzug dazu wird der Abteilungsleiter immer weniger in die Lage versetzt, fachliche Gespräche mit seinem Mitarbeiter zu führen. Die technischen Entscheidungen finden im Projekt statt.

In einer Matrixorganisation hat der Konstruktions-Abteilungsleiter als Linienvorgesetzter noch folgende Aufgaben:
- Überwachung von technischen Synergieeffekten
- Auftragsunabhängige Innovation
- Bestimmung der technischen Grundausrichtung der Produkte
- Pflege und Förderung der Mitarbeiter
- Pflege und Fortschritt der technischen Hilfsmittel wie CAD
- Alle weiteren nicht projektbezogenen Führungstätigkeiten

Innerhalb einer Matrixorganisation kann es vorkommen, dass der Linienvorgesetzte die „Abgabe" seiner Mitarbeiter an den Projektleiter als Machtverlust und Verunsicherung empfindet. In solchen Fällen wird die Matrix durch extreme Kontrollprozeduren wie zum Beispiel Zeichnungsfreigaben vom Linienvorgesetzten boykottiert. Der empfundene Machtverlust kann sowohl den Status als auch die technische Einflussnahme betreffen. Beim Status geht es dem Linienchef darum, die Anzahl seiner Mitarbeiter, die ihm direkt zugeordnet sind, aufrecht zu erhalten, da er eine hohe Zahl ihm zugeordneter Mitarbeiter als Aufwertung empfindet. Bei dem Machtverlustgefühl bezüglich der Technik geht es in der Regel um Ängste, für technische Auslegungen, die er nicht selber abzeichnet, verantwortlich gemacht zu werden. Außerdem besteht die Wahrscheinlichkeit, dass Linienvorgesetzte in der Matrix befürchten, technisch den Anschluss zu verlieren, da die meisten Entscheidungen im Projekt getroffen werden.

Ferner möchte ich noch einen weiteren wichtigen Punkt dieser Thematik ansprechen. In einer Linienorganisation führt der Abteilungs- oder Gruppenchef die Mitarbeiter über fachliche Gespräche. Wenn er mit den Mitarbeitern über die Auslegung und Ausführung der Produkte redet, gibt er ihnen Orientierung und Halt. Das fällt in einer projektorientierten Organisation jedoch fast vollständig weg. Die technischen Gespräche führt der Mitarbeiter mit dem Projektleiter oder im Projektteam. Der Mitarbeiter verspürt also doppelten Druck; auf der einen Seite werden ihm mehr Entscheidungen abverlangt, auf der anderen Seite ist die Betreuung durch seinen Chef reduziert. Die Verunsicherung des Mitarbeiters ist vorprogrammiert. Um eine solche Situation zu bewältigen, ist es wichtig, dass Sie als Linienchef die Initiative ergreifen. Sie müssen die fachliche Führung Ihrer Leute durch eine soziale ersetzen. Das heißt, Sie sollten Ihre Mitarbeiter regelmäßig zu Gesprächen treffen, um ihnen dort den Rückhalt und die Orientierung, die sonst unmerklich über fachliche Dialoge entstanden sind, zu geben. Der Projektleiter wird Ihre Leute immer nur als Ressource sehen. Mitarbeitergespräche ohne technische Thematik fallen technischen Führungskräften in der Regel schwer, denn hier geht es um das Wohlbefinden des Mitarbeiters, seine Ziele, seine Entwicklungsmöglichkeiten, seine Stärken und Schwächen und um gegenseitige Kritik. Die Führung reduziert sich auf das Wesentliche. Viele Linienvorgesetzte nehmen solche Aufgaben nur ungern wahr, weil sie für sie selbst eine Anforderungserhöhung bedeuten. Die wichtigsten Ängste vor solchen Gesprächen entstehen bei einer Führungskraft aus der Befürchtung heraus, die vorgebrachten Schwierigkeiten des Mitarbeiters nicht abstellen zu können. In technisch-fachlichen Diskussionen glaubt man eher, mit Rat und Lösung zur Seite stehen zu können. Weist aber der Mitarbeiter auf seine eigenen Ängste, Fachentscheidungen fällen zu müssen oder auf zwischenmenschliche Probleme, zum Beispiel mit dem Projektleiter, hin, fühlen sich Linienvorgesetzte oft ratlos. Da wird schon einmal eher ein angesetztes Mitarbeitergespräch aufgrund anderer fachlicher Termine verschoben oder gar abgesagt. In solchen Fällen zahlt der Mitarbeiter mit Unsicherheit und dem Gefühl, allein gelassen worden zu sein. Sollten Sie also als ein Linienvorgesetzter in einer Matrixorganisation arbeiten, so appelliere ich an Sie: Machen Sie sich für die Förderung Ihrer Mitarbeiter verantwortlich und geben Sie ihnen Ziele und Orientierung.

6 Mitarbeiterentwicklung geht vor Organisieren

Grundsätzlich gilt, dass eine fast richtige Organisationsform, die aber von den Mitarbeitern begeistert gelebt wird, effektiver ist, als eine vermeintlich perfekte, die als tote Hülse aufs Papier geschrieben ist. Auch die idealisierte Matrix ist dann tot, wenn die Akteure aus Angst oder Gewohnheit heraus lieber als Linienmitarbeiter arbeiten möchten. Es kommt nicht darauf an, Kästchen und Pfeile in ein Organigramm zu zeichnen, sondern die Mannschaft dazu zu bringen, im Sinne der Aufträge und der Kunden zu handeln. Daher ist es besser, erst die Voraussetzungen für zielgerechtes Arbeiten beim Mitarbeiter zu schaffen und erst dann die Organisation festzuschreiben und zu Papier zu bringen. Nur durch den Titel Projektleiter wird ein Konstrukteur nicht zum Manager seines Projektes.

Das Verhältnis des Stellenwertes zwischen der Organisationsform und ihren Regeln auf der einen Seite und der Qualifikation und dem Verhalten des Mitarbeiters auf der anderen Seite, wird durch die Ergebnisse eines Forschungsprojektes der Bielefelder Universität verdeutlicht. Dort wurde Anfang der 90er Jahre zur Entwicklung eines sechsbeinigen Laufroboters die Anatomie von Insekten untersucht (Abb. 14). Hieraus ergab sich eine interessante Analogie zwischen den Funktionsweisen des Insekts und denen eines Unternehmens oder einer Abteilung. Es wurde festgestellt, dass bei einem Insekt, in diesem Fall einer Heuschreckenart, die Informationen, die für den Bewegungsablauf eines Beines erforderlich sind, im Bein selbst abgespeichert sind. Die Art des Schrittes, die Kraft und die Bewegungsabfolgen jedes einzelnen Beines sind direkt im Bein abgespeichert. Jedes Bein besitzt eine Ansammlung von Neuronen. Es könnte also jedes einzelne Bein den Bewegungsablauf, unabhängig vom Körper oder von den anderen Beinen, durchführen. Auch Bewegungsanpassungen an Bodenunebenheiten oder rutschigen Untergrund werden vom Bein selbst erkannt und durch Variation des Bewegungs- und Kraftablaufes kompensiert. Wäre das nicht so, müsste das zentrale Gehirn der Heuschrecke alle möglichen Szenarien des Untergrundes abspeichern, um die unterschiedlichen Gangarten dann als Programm ablaufen zu lassen. Das würde einen sehr langen Lernprozess und extreme Speichereinheiten erfordern. Weiterhin wurde in der Studie festgestellt, dass die an sich „intelligenten" Beine untereinander vernetzt sind. Das Netzwerk hat die Regeln, die für die Koordination der Beine untereinander Sorge tragen, abgespeichert. Zum Beispiel darf ein hinterer Fuß nicht auf einen davor laufenden Fuß treten. Oder es dürfen nicht alle drei Beine einer Seite gleichzeitig angehoben werden. Von diesen Regeln gibt es nur sechs Stück. Die geringe Menge an gemeinsamen Regeln ist nur durch die Ansammlung von

Intelligenz an den Beinen realisierbar. Je weniger das einzelne Bein an Informationen gespeichert hat, umso mehr muss das Zentralgehirn durch Koordination und Regeln eingreifen.

Ähnliches gilt für die Abläufe in den Unternehmen. Je qualifizierter die Mitarbeiter ihre eigenen (Bewegungs-) Abläufe und deren Variationen selbst beherrschen, umso dünner kann das Regelwerk (die Organisation) sein und umso weniger Vorschriften sind notwendig. Will man also die Wichtigkeit der Organisationsform reduzieren oder Vorschriften abschaffen und entflechten, sollte man die Eigenverantwortung und Qualifikation der Mitarbeiter aufbauen. Unbekannte Wege sind dann auch ohne vorgedachte Szenarien und Regularien zu bewältigen.

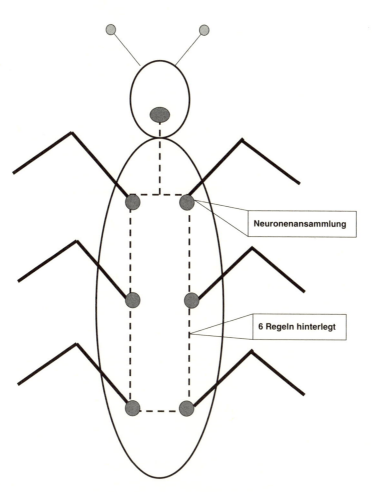

Abbildung 14: Intelligenzverteilung und Regelwerk eines 6-Füßlers

V

DAS PROFIL DES KONSTRUKTIONSCHEFS: KENNEN SIE IHRES?

Bisher habe ich über die Differenzierung der Kompetenzen – fachliche bis soziale Fähigkeiten – Ihrer Mitarbeiter geschrieben. Wie sieht es aber mit Ihnen aus? Womit führen Sie Ihre Mannschaft? Der am häufigsten anzutreffende Führungsansatz funktioniert über fachliche und terminliche Vorgaben, also das Führen ausschließlich mit Fachkompetenz. Der Mitarbeiter braucht aber mehr als nur aufgabenbezogene Orientierungspunkte. Er will kontrolliert, gefordert, gefördert und „bemuttert" werden.

1 Aufgabenabarbeitung und Prozessverbesserung: Beides Ihre Aufgaben

Die Aufgaben einer Führungskraft kann man grundsätzlich in zwei Bereiche aufteilen:

1. situativ
2. präventiv

Situativ bedeutet, dass wir alle Tätigkeiten zur Bewältigung der laufenden Geschäfte wahrnehmen, also alles Dinge, die von allein als Aufgabe oder Auftrag auf uns zukommen. Die zweite Gruppe, die präventiven Jobs, kümmert sich um Verbesserungsmaßnahmen wie Prozessoptimierung, Mitarbeiterbefähigung und Produktoptimierung und -innovation, also alles Aufgabenstellungen, die man eigeninitiativ vorantreiben muss, ohne dass sie selber nach Erledigung schreien. Wer nicht präventiv arbeitet, erzeugt Stagnation und damit Verfall der vorhandenen Situation. Wer nicht ständig die Ressourcen, Mitarbeiter, Prozesse und Hilfsmittel pflegt, wird über kurz oder lang keine Freude mehr an ihnen haben. Leider beschränken sich sehr viele Führungskräfte ausschließlich mit der Abarbeitung situativer Aufgaben, ohne daran zu denken, dass alles, was eingesetzt wird, auch gehegt und gepflegt werden muss. Teilweise wird dann auf die eigenen Vorgesetzten oder die Personalabteilung verwiesen, die die zukunftssichernden Tätigkeiten übernehmen sollen.

Nur Sie als direkter Vorgesetzter Ihrer Mitarbeiter können sehen, welche langfristigen Pflegemaßnahmen vonnöten sind. Es geht nicht um fachliche Belange, sondern vor allem um die persönliche Entwicklung Ihrer Mitarbeiter.

Sie sind der Gärtner, der die Pflanze „Mitarbeiter" hegt, düngt, gießt und zum Wachsen bringt. Nehmen Sie diese Aufgabe nicht an, kann die Pflanze verkümmern. Zu den präventiven Aufgaben gehört also auch die Umfeldpflege. Ebenso die kontinuierliche Prozessverbesserung sowie Programme zur Effizienzsteigerung und Kostenreduzierung gehören zu Ihrem Verantwortungsgebiet. Nicht nur die „weichen" Werkzeuge der Mitarbeiterführung, sondern auch abprüfbare Prozessverbesserungen sind Aufgaben der Führungskräfte. Trotzdem beschränke ich mich in den folgenden Ausführungen auf die den Mitarbeiter betreffenden Führungsinhalte, da ich glaube, dass hier die größten Potenziale liegen.

2 Führungsstile und was man mit ihnen anfangen kann

Die Macht des Geldes

Wie in den vorhergehenden Kapiteln schon beschrieben, kann man die Gründe, warum Menschen Dinge tun oder unterlassen, in zwei Hauptgruppen unterteilen. Die intrinsischen und die extrinsischen Motivatoren. Ein extrinsischer Motivator ist beispielsweise das Geld bzw. das Gehalt. Hiermit kann man im wahrsten Sinne des Wortes Gel(d)tung erlangen und gleichzeitig Status und Anerkennung „erkaufen". Wenn Sie als Führungskraft auf diesen Motivator setzen wollen, sollten Sie Folgendes bedenken: Aus einer Gehaltserhöhung resultiert nur dann eine langfristige Motivation des Mitarbeiters, wenn er, im Vergleich zum Umfeld, zur Zeit erheblich zu wenig verdient. Bekommt er aus objektiver Sicht jedoch eine angemessene Entlohnung, besteht der Motivationsschub höchstens über einen Zeitraum von drei Wochen. Danach wird das höhere Gehalt als Besitzstand empfunden. Wird der Mitarbeiter aber tatsächlich unterbezahlt, sollten Sie diesen Motivator nutzen. Auch Prämien, die nach bestimmten Vereinbarungen und regelmäßig gezahlt werden, verursachen lediglich kurzfristige Motivationsschübe. Eine Prämie, die an den Erfolg der Arbeit gekoppelt ist, zum Beispiel das Ergebnis eines Projektes, wird schnell als normal empfunden und vom Arbeitsstil und dem erwirkten Ergebnis getrennt. Fällt diese Prämie irgendwann einmal weg, weil beispielsweise die Ertragslage des Unternehmens sie nicht mehr zulässt, führt das zu einer überproportionalen Demotivation des Mitarbeiters. In der Regel sieht er nicht den direkten Zusammenhang zwischen seiner eigenen Leistung und der Prämierung. Längerfristige Motivationsschübe lassen sich durch unvereinbarte, also unverhoffte Prämien erreichen, wobei hier sicherzustellen ist, dass alle Beteiligten gerecht behandelt werden. Gestehen Sie zum Beispiel dem Projektleiter für seinen guten Erfolg eine außergewöhnliche Prämie zu, führt das bei ihm zu einem Motivationsschub, der mehrere Monate andauern kann. Bekommen alle anderen Projektbeteiligten keine Prämie, fühlen sie sich ungerecht behandelt und werden dadurch demotiviert, denn in einem solchen Fall fühlt sich jeder Projektbeteiligte für den Erfolg mitverantwortlich. Bei Projekten hat der Erfolg viele Väter.

Rufen Ihre Mitarbeiter ständig nach mehr Geld und sind sie, objektiv betrachtet, ausreichend bezahlt, sollten Sie sich fragen, wie Sie ihnen auf eine andere Art mehr Geltung verschaffen können. Vielleicht kann die Gehaltserhöhung auch durch eine Erhöhung des Arbeits-Gehaltes erfolgen. Der Ruf nach mehr „Gehalt des Lebens" wird in den Ruf nach mehr finanziellem Gehalt verpackt. Will ihr Mitarbeiter mehr Lohn, möchte er, dass sich sein Leben mehr lohnt. In solchen Fällen kann es ausreichen, wenn Sie ihm mehr lohnende Aufgaben geben. Bewältigt er sie, sind Sie vielleicht auch eher bereit, ihm tatsächlich mehr Lohn zu geben und ihn damit doppelt zufrieden zu stellen. Ich will hier nicht den Eindruck erwecken, dass jeder Ruf nach finanzieller Verbesserung durch immaterielle Zugeständnisse befriedigt werden kann. Oftmals haben Mitarbeiter auch außergewöhnliche Belastungen, die sie ein unangemessenes Gehalt fordern lassen. Sie sollten aber in jedem Falle prüfen, ob der Wunsch nach der finanziellen Verbesserung aus materiellen oder immateriellen Beweggründen heraus entstanden ist. Motivationsschübe durch Geld, sind so oder so als schwach einzustufen. Darüber hinaus besteht in den wenigsten Unternehmen die Möglichkeit, die Gehälter frei festzulegen, da sie meistens in die betrieblichen Belange, tarifliche oder betriebliche Verordnungen, eingebettet sein müssen. Deshalb sollte eine Führungskraft mehr Motivations-Tools beherrschen, als nur die Gehaltserhöhung.

Die Macht des Chefs

Neben der oben beschriebenen Macht des Geldes steht Ihnen noch Ihre Macht der Funktion zur Verfügung. Hier wird der Motivator Angst angesprochen. Die Angst wird auf zwei Ebenen aktiviert. Die erste Ebene ist die Macht des Vorgesetzten. Übergeben Sie Ihrem Mitarbeiter beispielsweise eine Aufgabe, fordern Sie die Erledigung mit Ihrer Macht als Chef ein. Der Mitarbeiter weiß, dass bei Missachtung disziplinarische Folgen auf ihn warten. Ohne es jedes Mal aussprechen zu müssen, wird eine Kette von Androhungen aktiviert: „Wenn du das nicht erledigst, was ich von dir will, sorge ich dafür, dass du abgemahnt wirst. Wenn du dann immer noch nicht willst, lasse ich dich kündigen. Das bedeutet Arbeitslosigkeit". Diese unausgesprochene Kausalitätskette erzeugt Angst vor den wirtschaftlichen Folgen einer Arbeitslosigkeit aber auch vor allem Angst vor dem Ausstoß aus der Gruppe, ohne dass die Worte Arbeitslosigkeit und Kündigung jedes Mal in den Mund genommen werden müssen. Ein Arbeitsloser hat insbesondere damit Probleme, nichts mehr zur Gemeinschaft beitragen zu können und sich damit als Ausgestoßener zu fühlen. Hier handelt es sich um eine fast instinkthafte Angst, da unsere frühen Vorfahren durch Ausstoß aus der Gruppe oder Horde dem Tod geweiht waren. Einzelkämpfer waren schutzlos den Gefahren der Natur ausgeliefert. Die zweite Ebene der Angst, die durch Ihre Cheffunktion aktiviert wird, ist die Angst vor dem „bösen Papa". Sie als Führungskraft werden, ohne dass Sie es wollen, in die Papa-Rolle gedrängt. Verlangen Sie nun die Aufgabenerfüllung Ihres Mitarbeiters, droht ihm bei Nichterledigung die Schelte des Papas. Solche Angstreaktionen sind zwar nicht bei allen Menschen gleich ausgeprägt, aber zumindest in Ansätzen vorhanden.

Die Macht der Angst

Der Motivator Angst ist ein Knopf auf den Sie drücken können. Er führt zu sehr starken und effektiven Reaktionen der Mitarbeiter. Sie gehen aus Angst bis in den Tod. Auch heute noch gibt es Menschen, die sich, aus Angst vor dem Versagen, selbst bis zum Herzinfarkt oder Schlaganfall antreiben. Unternehmen, die mit Angst geführt werden, haben eine sehr kurze Reaktionszeit. Die Menschen tun aus Angst fast alles, was der Chef von ihnen will. Sie erledigen es schnell und sofort und wenn nötig bis spät in die Nacht. Hunderte von Firmen wurden und werden mit diesem Motivator geführt. Er hat allerdings einen gravierenden Nachteil. Angst tötet jede Form von Selbstverantwortung, Entscheidungsfähigkeit und Kreativität. Der Motivator Angst funktioniert nur, wenn der Chef alle Unternehmens- oder Abteilungsbelange selbst kennt und alle Entscheidungen selbst fällen kann. Ist das nicht mehr möglich, weil der Markt oder die Aufgabenvielfalt zu komplex geworden sind, braucht er eigenständige Mitarbeiter, die ihm die Ideenfindung und Entscheidungsfähigkeit abnehmen können. Nur angstfreie Mitarbeiter können komplexe und entscheidungsträchtige Aufgaben übernehmen und damit den Chef multiplizieren. Firmen mit entscheidungsunfähigen und ängstlichen Erfüllungsgehilfen haben ihre Wachstumsgrenze in der persönlichen Kapazitätsgrenze des Chefs.

Management by Objectives

Ein weiterer Führungsstil ist das „Management by Objectives". Hier wird mit der Vereinbarung von Zielen geführt. Die Betonung liegt hier ganz klar auf dem Wort „Vereinbarung". Wenn Sie als Führungskraft Ihre Unternehmens- oder Abteilungsziele kennen, genügt es nicht, diese den Mitarbeitern einfach nur mitzuteilen. Da es sich in diesem Fall nicht um eine Vereinbarung, sondern um eine Vorschrift handeln würde. Das Führen mit Zielen lebt davon, dass Sie die Ziele mit Ihren Mitarbeitern auf Gegenseitigkeit verabreden; besser noch, dass Ihre Ziele mit den persönlichen Zielen Ihrer Leute deckungsgleich sind. Das ist natürlich einfacher gesagt als getan. Hierbei ist es erforderlich, jeden einzelnen Mitarbeiter zu kennen und nach seinen persönlichen Zielen zu forschen. Warum stehen Ihre Mitarbeiter morgens auf, um anschließend mit Ihnen gemeinsam zu arbeiten? Einige haben nur das Ziel, Geld zu verdienen, um damit ihre Freizeit zu finanzieren. Sie sehen die Arbeit als unangenehme Unterbrechung ihrer freien Zeit. Bei solchen Mitarbeitern ist es eher schwierig, die Unternehmensziele in Konsens mit den persönlichen zu bringen, weil jedes Unternehmensziel, wie immer es auch heißt, nur zur Freizeitunterbrechung führt. Die meisten Menschen wollen zum Glück jedoch nicht nur in der Freizeit, sondern auch im Beruf erfolgreich sein. Hier besteht die Chance, den Zielkonsens zu erwirken.

Welche Ziele haben Konstrukteure?

Häufig existiert bei den Mitarbeitern der Wunsch, neue Dinge zu „erfinden" oder sich mit interessanten technischen Sachverhalten zu befassen. Ist das auch bei Ihren Mitarbeitern der Fall, so könnte eine Zielvereinbarung darin bestehen, bestimmte Innovationsschritte bis zu einem konkreten Zeitpunkt zu erreichen. Dafür muss der Mitarbeiter genau das tun, was er auch für die Erreichung seiner persönlichen Ziele täte. Können Sie Ihr Unternehmensziel Innovation so mit dem Mitarbeiter vereinbaren, dass er sich darin wiederfindet, müssen Sie eine Vielzahl seiner Arbeitsergebnisse nicht mehr kontrollieren. Er arbeitet dann nach bestem Wissen und Gewissen und das fast ganz von allein.

Auch der Wunsch nach der Bearbeitung komplexer und anspruchsvoller Aufgaben kann ein persönliches Ziel sein. Ist diese Motivation bei einem Ihrer Mitarbeiter vorhanden, sollten Sie Ihre Unternehmens- oder Abteilungsziele so detaillieren, dass er sich in der Vielfalt und in dem Anspruch der ihm übertragenen Aufgaben wiederfindet. Auch hier führt der Zielkonsens zu einer weitgehenden Verselbständigung des Mitarbeiters. Selbstverständlich sollten Sie prüfen, ob das, was sich dieser Mitarbeiter zutraut, realistisch ist oder ob er an Selbstüberschätzung leidet. Bewegt er sich mit seiner Einschätzung im realistischen Rahmen, können Sie ihn bei der Abarbeitung von Aufgaben eigenständig agieren lassen und nur die wichtigsten Meilensteine prüfen.

Das Führen mit Zielen erfordert eine intensive Beschäftigung mit den Mitarbeitern. Sie sollten nicht nur als Ressource begriffen, sondern auch als Mensch kennengelernt werden, ohne dass Sie gleich ein vertrauter „Kumpel" werden. Nicht alle Mitarbeiterziele sind sofort erkennbar. Viele persönliche Intentionen sind nur bei genauerem Hinsehen zu erkennen; deshalb ist es wichtig, dass Sie als Führungskraft sich die Zeit nehmen, die Persönlichkeit Ihrer Leute zu erkennen. Das wichtigste Werkzeug hierfür ist das Zuhören.

Sind die Intentionen der Mitarbeiter erkannt, fällt die Formulierung der eigenen Ziele und die Diskussion bis hin zum Konsens in der Regel recht leicht. Handelt es sich um langfristige Aufgaben, die mit der Zielvereinbarung etabliert werden sollen, ist es sinnvoll, die gemeinsamen Beschlüsse schriftlich zu dokumentieren und sie gegenseitig zu unterschreiben.

Management by Delegation

Ein weiterer, an die intrinsischen Motivatoren appellierender Führungsstil, ist das Führen per Delegation. Hier wird nicht nur das persönliche Ziel der Mitarbeiter angesprochen, sondern auch die Fähigkeit, sich selbst für eine Aufgabe verantwortlich machen zu können. Hierbei ist zu beachten, dass die Fähigkeit, sich für etwas verantwortlich zu machen, nicht erzwungen werden kann. Auch wenn wir diesen Satz manchmal aussprechen, können wir keinen Menschen für etwas verantwortlich machen. In diesen Fällen meinen wir, jemanden zur Rechenschaft zu ziehen, aber nicht, ihn verantwortlich zu machen. Verantwortung anzunehmen ist eine Entscheidung, die jeder Mensch nur für sich selbst treffen kann. Die Führungskraft kann nur dafür sorgen oder darum werben, dass die Mitarbeiter die Verantwortung eigenständig annehmen. Die Voraussetzungen hierfür liegen im Umfeld, in der Aufgabe und in den Fähigkeiten des Mitarbeiters. Fühlt sich der Mitarbeiter bei der bevorstehenden Aufgabe über- oder unterfordert, ist er nicht bereit, sie anzunehmen. Darüber hinaus muss sie seinen persönlichen Zielen entsprechen. Auch das Umfeld wie Stellenwert oder Wert der Aufgabe, mögliche Folgen bei Misserfolg und die Belastung durch andere Tätigkeiten sind Einflussfaktoren auf die Bereitschaft zur Verantwortungsübernahme. Nur wenn die genannten Faktoren stimmen, ist der Mitarbeiter bereit, sich mit der Aufgabe zu identifizieren, das heißt, sie anzunehmen und sie zu einem Teil von sich selbst zu erklären. Erst wenn das geschehen ist, erkennt er sie als sein „Baby" an und macht sich verantwortlich. Ist das geschafft, gilt Ähnliches wie beim Führen mit Zielen. Sie können sich in einem sehr hohen Maße darauf verlassen, dass Ihr Mitarbeiter richtig, sicher und schnell arbeitet, denn er tut es ja für sich.

Unternehmerisches Denken aktivieren

Eine der höchsten Formen der Führung ist das Führen über das Ergebnis. Hiermit ist Folgendes gemeint: Wird beispielsweise einer Ihrer Mitarbeiter Projektleiter für ein großes Projekt, besteht die Möglichkeit, ihm auch die komplette Ergebnisverantwortung bezüglich der technischen Ausführung, der Termine und des wirtschaftlichen Erfolgs zu übertragen. In diesem Fall handelt es sich bei der Projektarbeit um eine unternehmerische Tätigkeit, da nicht mehr nur kleine Zwischenergebnisse abgefragt und Details auf dem zu beschreitenden Weg diskutiert werden, sondern nur noch das Gesamtergebnis des Projektes bewertet wird. Es wird an eine Vielzahl von Motivatoren appelliert. Führt man über das Ergebnis, dann spielen – genau wie bei einem Unternehmer – die Verantwortung, die persönlichen Ziele, aber auch die Ängste eine Rolle. Selbstverständlich ist diese Art der Führung nicht für jeden Mitarbeiter geeignet. Nur ein Bruchteil der Mitarbeiter ist in der Lage, eigenständig ergebnisorientiert zu arbeiten. Deshalb möchte ich an dieser Stelle nicht tiefer in dieses Thema einsteigen.

Sowohl bei der Delegation als auch beim Führen mit Ergebnissen, ist eine Führungseigenschaft als herausragend wichtig zu bezeichnen. Es ist der Mut der Führungskraft. Haben Sie Angst, große Aufgaben komplett an Ihre Mitarbeiter abzugeben, ist das der erste Hinderungsgrund, warum diese Art der Führung nicht funktioniert. Wenn Sie an Ihre Mitarbeiter delegieren, dann aber jede Kleinigkeit kontrollieren und abfragen, kann der Motivator „Verantwortung" nicht angesprochen werden. Es handelt sich also in Wirklichkeit nicht um eine Delegation. Prüfen Sie sich selbst, ob Sie in der Lage sind, den Mut für das echte Delegieren aufzubringen.

3 Die Kultur der Abteilung bestimmt Ihren Führungsstil

Nachfolgend möchte ich etwas über herrschende Kulturen in Abteilungen berichten. Unterschiedliche Kulturen oder kollektive Mentalitäten können nicht nur ein Unternehmen, sondern auch eine Abteilung oder eine Gruppe prägen und sich damit von anderen Abteilungen oder Unternehmen unterscheiden. Was ist eine Gruppenkultur? Zur Erklärung hierzu eine kleine Geschichte aus dem Zoo.

10 Affen im Zoo:

In einem Käfig leben 10 Affen. Mitten im Käfig steht eine Leiter, an deren Ende eine Banane an einem Draht befestigt wurde. Natürlich versucht sofort einer der Affen, die Banane zu bekommen, indem er auf die Leiter klettert, die Banane ergreift und damit an dem Draht zieht. Der Draht ist mit einer Bewässerungsanlage des Käfigs verbunden, so dass in dem Moment, in dem der Affe die Banane berührt, alle anderen Affen nass werden. Die Affen verstehen den Zusammenhang zwischen der Banane und der Bewässerung und reißen ihren Kollegen von der Leiter. Ab sofort wird jeder Affe, der versucht auf die Leiter zu klettern, schon im Ansatz daran gehindert, bis irgendwann die Leiter, die Banane und der Draht tabu sind. Nun wird einer der Affen gegen einen neuen Affen ausgetauscht. Der Neuling versucht natürlich sofort auf die Leiter zu klettern, um die Banane zu bekommen. Er wird aber von seinen Kollegen daran gehindert und versteht nach einiger Zeit, dass auch für ihn die Leiter verboten ist, ohne je die Banane berührt zu haben. Wird ein Affe nach dem anderen gegen einen neuen ausgetauscht, entsteht irgendwann die Situation, dass niemand mehr weiß, warum die Leiter nicht betreten werden darf, da keiner der Affen erlebt hat, was passiert, wenn man versucht die Banane zu bekommen. Trotzdem bleibt sie tabu. Die verbotene Leiter hat sich als kollektive Mentalität etabliert. Auch wenn möglicherweise der Mechanismus zwischen dem Draht und der Bewässerung des Käfigs schon lange nicht mehr existiert, kommt niemand auf die Idee, an der Banane zu ziehen. Jeder hinzukommende Neuling wird sofort mit dieser Kultur befruchtet und übernimmt das Verbot, die Leiter zu betreten.

Grundsätzlich kann man zwischen zwei verschiedenen Kulturarten in Abteilungen oder Gruppen unterscheiden (Abb. 15). Die erste ist die Solidarität, die zweite heißt Soziabilität. Mit diesen Begriffen ist Folgendes gemeint: Solidarität ist eine Zweckgemeinschaft, die in der Regel wirtschaftliche Ziele verfolgt. Sie hat nichts mit freundschaftlichen Beziehungen zu tun. Ist das wirtschaftliche Ziel erreicht, ist auch die Gemeinschaft beendet. Ein Bei-

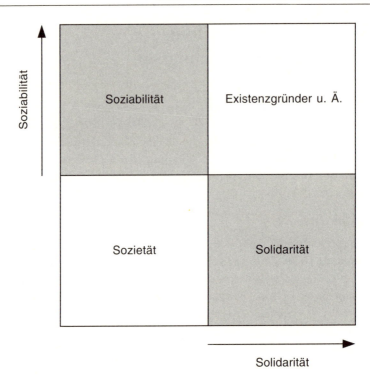

Abbildung 15: Unternehmens-, Abteilungs- oder Gruppenkulturen

spiel dazu sind die solidarischen Arbeitnehmer, die für die nächste Lohnerhöhung, also für ein wirtschaftliches Ziel, kämpfen. Diese Menschen sind keine Freunde, sondern verfolgen lediglich ein gemeinsames, klar definiertes Ziel. Nur das bringt sie zusammen. Anders ist es bei der Soziabilität. Hier handelt es sich um eine Gemeinschaft, die wegen des Zusammenseins existiert. Eine solche freundschaftliche Gruppe kommt zusammen, weil man sich sehen will, nicht aber weil man gemeinsame Ziele verfolgt.

Man kann davon ausgehen, dass in einer Abteilung oder Gruppe nur eine dieser beiden Kulturarten herrscht. Ist die Abteilung groß genug, besteht die Möglichkeit, dass sich zwei Untergruppen bilden, die gegebenenfalls unterschiedliche Kulturen haben. Nur in Ausnahmefällen können in der selben Gruppe beide Formen gleichzeitig existieren. Ein Beispiel hierfür ist das jung gegründete Unternehmen, in dem sowohl die freundschaftliche als auch die zweckgebundene Kultur existieren kann. Die Gründer sind Freunde und gleichzeitig solidarisch. Es gibt aber auch Firmen, sogenannte Soziatäten, in denen weder die eine noch die andere Kulturform existiert. In der Regel sind das Anwälte oder Berater. Hier gibt es nur Synergieeffekte, wie zum Beispiel gemeinsame Büroräume und Sekretariate sowie die Ergänzung der verschiedenen Disziplinen der Anwälte oder Berater zur besseren Betreuung des Klientels. Hier kann es vorkommen, dass die Betroffenen weder Freunde sind noch gemeinsame Kasse machen.

Sind Sie also weder eine junge Gründerfirma noch eine Sozietät, können Sie mit an Sicherheit grenzender Wahrscheinlichkeit davon ausgehen, dass Ihre Abteilung entweder solidarisch oder freundschaftlich aufgebaut ist. Warum ist das für uns wichtig? Wenn Sie in Ihrem Unternehmen etwas verändern wollen, müssen Sie wissen, wie Ihre Mitarbeiter auf bestimmte Aktionen von Ihnen reagieren. Handelt es sich zum Beispiel um eine solidarische Gemeinschaft, können Sie die Mannschaft mit Projektmanagement, Profitzielen oder dem Dienst am Kunden motivieren. Die Gruppe will den wirtschaftlichen Erfolg. Sind Ihre Mitarbeiter freundschaftlich orientiert, können Sie mit Ihrem Ziel, Gewinn zu erwirtschaften oder ein Projekt erfolgreich abzuschließen, keinen Ihrer Mitarbeiter motivieren. Diese Leute wollen nur zusammen sein, aber nicht unbedingt alles für die Kunden oder für Sie tun. Auf der anderen Seite kann man mit freundschaftlichen Gruppen jedoch „Pferde stehlen", vorausgesetzt Sie werden von diesem Freundeskreis akzeptiert bzw. sind einer von ihnen. Ist das nicht der Fall, ist es Glücksache, ob die Freunde nach Ihrer Pfeife tanzen oder ihr eigenes Süppchen kochen. Auch Gruppenziele lassen sich bei der Soziabilität nicht durchsetzen. Ineffektive Mitarbeiter wie Faulenzer oder Schmarotzer werden mit durchgezogen. Im Gegensatz dazu sondert eine solidarische Gemeinschaft einen faulen Kollegen aus, da dieser den Gruppenerfolg gefährdet.

Welche der beiden Kulturen die bessere ist, ist nicht klar zu trennen. Jede hat ihre Vor- und Nachteile. Freunde können, wenn sie wollen, sehr schnell sein, sind jedoch unberechenbar. Die Solidarischen sind klar planbar, brauchen allerdings vorformulierte Ziele. Wichtig für Sie als Führungskraft ist die Kenntnis darüber, welche Kulturart bei Ihnen vorliegt. Haben Sie beispielsweise eine freundschaftliche Gruppe zu führen und müssen aufgrund schlechter Leistungen einen Ihrer Mitarbeiter entlassen oder versetzen, wendet sich die gesamte Gruppe gegen Sie. Wäre die Abteilung aber solidarisch, würden Sie als Held gefeiert. Bevor man also Änderungen in der Personalstruktur oder den Prozessen vornimmt, sollte man sich Klarheit über die Art der herrschenden Kultur verschaffen. Nehmen Sie sich dazu bitte etwas Zeit und schreiben Sie sich typische Fälle aus der Vergangenheit auf, in denen ihre Gruppe auf Maßnahmen von Ihnen reagiert hat. Daraus lässt sich die Art der Kultur ableiten. Im Anschluss daran sollten Sie Ihre Rolle und Beziehung zur Gruppe definieren. Sind Sie einer der Freunde oder der Zielgeber?

4 Die Bedürfnisse Ihrer Mitarbeiter

Ein weiteres Erklärungsmodell für die unterschiedlichen Reaktionen Ihrer Mitarbeiter ist die Bedürfnispyramide nach Abraham H. Maslow (Abb. 16). Diese will ich in verkürzter Form und mit einigen für uns wichtigen Abwandlungen erläutern. Wie in der Abbildung dargestellt, besteht die Pyramide aus fünf Ebenen.

Die unterste ist die der körperlichen Bedürfnisse. Für die Arbeitswelt bedeutet das die Bedürfnisse nach physischem Wohlbefinden. Dieses Bedürfnis ist in der Regel gestillt, da die Arbeitsplätze eines modernen Industrieunternehmens so gestaltet sind, dass es nur in Ausnahmefällen ein Unwohlsein am Arbeitsplatz gibt. Auch das Arbeiten als Werker in der Werkstatt, möglicherweise sogar an gefährlichen oder durch Hitze, Kälte oder Schall belasteten Arbeitsplätzen, erweckt nicht dieses körperliche Grundbedürfnis, da es durch entsprechende Schutzkleidung gestillt wurde.

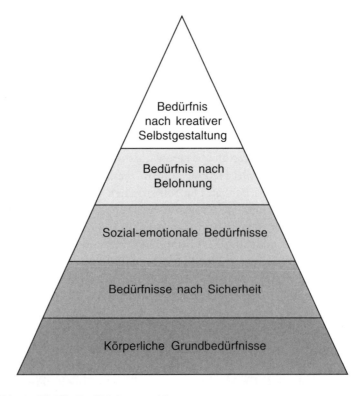

Abbildung 16: Die Bedürfnispyramide

Die zweite Ebene betrifft das Streben nach Sicherheit. Das bedeutet in unserem Kontext meistens die Sicherheit des Arbeitsplatzes. Dieses Bedürfnis ist im Alltag oft unbefriedigt. Wenn sich Ihr Unternehmen oder Ihre Branche in einem unsicherem Fahrwasser befindet, kann es keine Arbeitsplatzsicherheit geben. Darüber hinaus können sich die meisten Menschen aus ihrer eigenen Leistungsfähigkeit oder ihren Erfahrungen heraus diese Sicherheit selbst nicht geben. Eine arbeitsplatzunabhängige Befriedigung des Sicherheitsstrebens könnte zum Beispiel die Überzeugung sein: „Ich finde immer einen guten Job". Oft sind die Mitarbeiter auf Arbeitsplatzgarantien von außen, also vom Arbeitgeber angewiesen, um ihr Sicherheitsbedürfnis zu befriedigen. Darüber hinaus scheint in den letzten Jahren, möglicherweise durch die Rezessionen der 90 Jahre, eine kollektive Unsicherheit entstanden zu sein. Sehr viele – teilweise auch junge – Menschen haben ein ständiges Gefühl von Unsicherheit, obwohl sie eine gute Ausbildung und Leistungsfähigkeit besitzen.

Die nächste darüber liegende Ebene, die der sozialen und emotionalen Bedürfnisse, beschreibt für unsere Überlegungen den Wunsch, in einer Gruppe eine Rolle zu spielen, ein Teil des Ganzen zu sein und etwas beizutragen. Diese Bedürfnisebene ist die Basis für das Streben nach Teamfähigkeit. Wer sich hier befindet, möchte einen Beitrag im Team leisten und dort seine Position finden. Das Ende des Einzelkämpfertums ist erreicht. Idealerweise vergisst der Mitarbeiter hier seinen Egoismus und bringt sich mit seiner Leistung in das Ganze ein. Ist bei den Mitarbeitern das sozial emotionale Bedürfnis gestillt, ist der Nährboden für Offenheit, Hilfsbereitschaft, aktives Zuhören und integrative Führungsstile geschaffen.

Die vierte Ebene, das Bedürfnis nach Belohnung, ist in unserem Zusammenhang nicht in erster Linie der Wunsch nach Gehaltserhöhung. Auf dieser Stufe wird sich der Mensch über den Wert seiner Leistung und seiner Person bewusst. Dieser Wert soll natürlich auch eine entsprechende Vergütung erfahren, die aber nicht zwangsläufig materiell sein muss. Wie die Belohnung aussieht, ist für uns zweitrangig. Wichtig ist, dass der Mitarbeiter an dieser Stelle sein Selbstwertgefühl entwickelt und es auch anerkannt haben will. Selbstwerte Mitarbeiter können größere Aufgaben übertragen bekommen als beispielsweise sicherheitssuchende Menschen. Sie wissen, was sie leisten und sagen und tun das, *worauf* es ankommt. Mitarbeiter, die nach Sicherheit streben oder noch ihre Rolle in der Gemeinschaft suchen, sagen und tun das, *was* ankommt. Hier besteht also ein riesiger Unterschied in der Mitarbeiterqualität.

Die fünfte und letzte Stufe der Bedürfnispyramide ist der Wunsch nach der kreativen Selbstgestaltung. Der Mensch hat das Bedürfnis, sich und das, was in ihm steckt auszudrücken. Er zeigt sich in der vollen Blüte seiner Kreativität und seiner Ideen. Hier kann Selbstverantwortung entstehen. Ein Mitarbeiter, der sich hier befindet, ist als vollwertiger Partner in der Ideensuche und Problemlösung zu behandeln. Es gibt keine Hindernisse mehr, die die Ideen dieser Menschen hemmen. Dem kreativen Schub Ihrer Ziele, Ihrer Produkte und Ihres Unternehmens sind keine Grenzen mehr gesetzt. Sie müssen sich nicht mehr um jede Idee selbst kümmern, sondern nur noch optimale Rahmenbedingungen und die Kanalisierung der Ideen schaffen, damit sie im Sinne Ihres Unternehmens Früchte tragen.

Die einzelnen von Abraham Maslow definierten Ebenen haben für uns zwar Sinn, sind in isolierter Form jedoch weniger interessant. Spannend ist der Zusammenhang zwischen den Stufen. Jede Bedürfnisebene kann nur dann erreicht werden, wenn die darunter liegende befriedigt wurde. Hat jemand seine physischen Grundbedürfnisse, wie zum Beispiel genug Essen und Trinken, noch nicht erfüllt, wird er kaum auf die Idee kommen, sich zur Sicherung der Haltbarkeit seiner Nahrung von morgen einen Kühlschrank anzuschaffen, geschweige denn eine Unfall- oder Lebensversicherung abzuschließen. Strebt ein Mitarbeiter nach Arbeitsplatzsicherheit, sucht er noch nicht nach seiner Rolle im Team. Erst wenn er das Gefühl hat, dass seine Position über eine angenehme Zeitspanne hinweg gesichert ist, beginnt er seine soziale Rolle zu suchen, um seinen Platz im Team einzunehmen. Erst wenn er auch dort die Befriedigung seiner sozialen Bedürfnisse erreicht hat, kann er Selbstwert, und im Anschluss daran, den Wunsch nach kreativer Selbstentfaltung verspüren. Dieser Zusammenhang ist für Führungskräfte wichtig, weil es immer noch Zeitgenossen, gibt, die versuchen, Mitarbeiterideen mit der Androhung des Arbeitsplatzverlustes zu aktivieren. Die einzigen Ideen, die auf dieser Ebene entstehen, sind die zur Sicherung der eigenen Person. Auch der umgekehrte Fall ist denkbar, in dem eine Führungskraft die Mitarbeiter durch eine Information verunsichert.

Beispiel:

Ein Unternehmen hatte bis zu dem Zeitpunkt, an dem in der Presse zu lesen war, dass dieser Betrieb eine recht große Anzahl von Mitarbeitern freisetzen oder versetzen wird, sehr kreative und selbstsichere Mitarbeiter. Da der Betrieb in einem kleinen Ort ansässig war, wurde die Pressemitteilung von fast allen Mitarbeitern gelesen. Von diesem Moment an rutschten 80 % der Belegschaft in die Bedürfnisebene des Sicherheitsstrebens. Von da an waren weder eigene Ideen noch Teams möglich. Von einem Tag auf den anderen wurden aus Teamplayern und kreativen Leuten, Einzelkämpfer zur Rettung der eigenen Person und der Familie.

Nun sollen Sie nicht alle Ihre Mitarbeiter unbedingt in die oberste Bedürfnisebene bringen, abgesehen davon, dass es auch unrealistisch wäre, nur solche Mitarbeiter zu haben. Für uns ist es wichtig, die Reaktionen der Mitarbeiter besser einschätzen zu lernen und planbarer zu machen. Wer keine Sicherheit gibt, kann keine Selbstverantwortung erwarten.

5 Wie ein Lernprozess erfolgreich gesteuert wird

Sie als Führungskraft sind für die Entwicklung Ihrer Mitarbeiter verantwortlich. Das bedeutet, dass die Menschen ihre Fähigkeiten auf allen erforderlichen Gebieten ausbauen und die Persönlichkeit entwickeln sollen. Konkret heißt das, Ihre Mitarbeiter sollen lernen. Auch wenn Sie sich nie als Pädagoge betätigen wollten, so kommen Sie doch nicht daran vorbei, sich kontinuierlich für den Lernprozess Ihrer Mitarbeiter zuständig zu fühlen und daran zu arbeiten.

Was bedeutet lernen?

Häufig wird der Fehler gemacht, die Mitarbeiter zum Lernerfolg zwingen zu wollen. Leider funktioniert das nicht. Sie können Ihren Mitarbeitern nichts „lernen". Das können diese nur für sich selber tun. Deshalb kommt es vor dem Lernen auf die Bewusstmachung der entsprechenden Unfähigkeit an (Abb. 17).

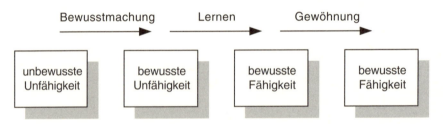

Abbildung 17: Der Lernprozess

Bewusstmachung kommt vor dem Lernen

Ist zum Beispiel ein Mitarbeiter nicht teamfähig, weil er die Meinung anderer nicht hören will, ist ihm diese Unfähigkeit in der Regel nicht bekannt. Es liegt eine unbewusste Unfähigkeit vor. Bevor aus der nicht vorhandenen Fähigkeit eine vorhandene gemacht werden kann, muss also erst das Bewusstsein erzeugt werden, aus dem heraus der Mitarbeiter seine Fähigkeiten ausbaut. Aus der unbewussten Unfähigkeit wird eine bewusst Unfähigkeit. Erst wenn das erfolgreich abgeschlossen ist, kann der eigentliche Lernprozess beginnen. Für die Bewusstmachung sind Sie zuständig, Lernen tut der Mitarbeiter dann von selbst. Das Einzige, was Sie zum Lernen beitragen können, ist das Anbieten der Hilfsmittel wie Bücher, Seminare, Gespräche u. Ä. Hat der Mitarbeiter nun seine Lektion gelernt – unabhängig davon, wie lange der Lernprozess dauert – sind Sie wieder gefragt, indem Sie für den Gewöhnungsprozess zuständig sind. Denn frisch erlangte Fähigkeiten haben ohne die Gewohnheit nur eine kurze Haltbarkeit. Für das oben genannte Beispiel bedeutet das: Der Mitarbeiter hat bei der Bewusstmachung verstanden, dass er lernen muss, die Meinungen seiner Kollegen anzuhören und anzunehmen. Er wird das neue Verhalten zur Probe anwenden und es zuerst als anstrengend empfinden, da er sich selbst beobachten muss. Aber schon nach kurzer Zeit wird er wahrscheinlich feststellen, dass sein neues Verhalten auf fruchtbaren Boden fällt und die Reaktionen seiner Kollegen kooperativer als früher ausfallen. Diese Erfolge beflügeln ihn, das neue Verhalten dauerhaft zu praktizieren. Jedoch genau in diesem Moment reduziert er wieder seine Energie bezüglich dieses Themas und hört auf, sich so intensiv zu beobachten. Spätestens in der nächsten Teamsitzung verhält er sich wieder nach dem früheren Muster und hört nicht zu. Jetzt sind Sie wieder gefragt. Beobachten Sie diesen Mitarbeiter und machen Sie ihn auf den Rückfall aufmerksam. Dieser Coaching-Prozess muss einige Wochen andauern, bis Ihr Mitarbeiter das neue Verhalten automatisch anwendet. Es muss ihm zur Gewohnheit werden. Sie sind also nicht für das Lernen, sondern für die vor- und nachgeschalteten Prozesse verantwortlich; wobei der Bewusstmachungsprozess der wichtigste aber auch manchmal der schwierigste ist. Im Folgenden nun einige Beispiele, wie man die Bewusstmachung bei den Mitarbeitern anstoßen kann.

Voraussetzungen und Methoden zur Bewusstmachung

Will man bei anderen Menschen den Bewusstmachungsprozess anstoßen, sollte man grundsätzlich beachten, dass man nur unter bestimmten Voraussetzungen das vorliegende Lernpotential direkt ansprechen kann. Eine dieser Voraussetzungen ist zum Beispiel die gute Beziehung zu diesen Menschen. Hat man keine oder nur eine schlechte Beziehung zu der betroffenen Person, kann man erzählen was man will, man wird nicht gehört. Besonders wenn es um die Bewusstmachung von sozialen Unfähigkeiten geht, ist die Bereitschaft, die Wahrheit anzunehmen, besonders klein. Sind Sie ein Mensch, dessen Urteil aus Sicht der anderen Person unwichtig ist, wird jede Ihrer Äußerungen sofort beiseite gelegt. Haben Sie jedoch eine Beziehung der Akzeptanz zu Ihrem Mitarbeiter, so ist er in der Regel bereit, Ihre Meinung und Ihren freundschaftlichen Rat bezüglich seines Sozialverhaltens anzunehmen. Es ist also anzuraten, die Beziehungen zu den Mitarbeitern möglichst objektiv zu halten und zu pflegen. Da das nicht bei allen Mitarbeitern möglich ist, will ich noch weitere Methoden zur Bewusstmachung ansprechen. Eine mittelbare Methode ist das Zitieren von Beispielen Dritter oder

der eigenen Erfahrungen. Soll Ihr Mitarbeiter beispielsweise in den Verhandlungen mit Außenstehenden sicherer werden, können Sie „Geschichten" von ehemals verhandlungsunsicheren Menschen erzählen, die sich ihre Sicherheit durch bestimmte Schritte erarbeitet haben. Sind diese dann noch aus Ihrem eigenen Erfahrungsschatz und tatsächlich authentisch, können sie mit etwas Glück bei Ihrem Mitarbeiter Resonanz hervorrufen. Das geschieht zwar nicht sofort im Gespräch, möglicherweise aber einige Tage später. In der Regel ahnt der Mitarbeiter seine Unfähigkeiten, da er durch äußere Schwierigkeiten immer wieder auf sie gestoßen wird. Deshalb existiert eine Wahrscheinlichkeit, dass Ihre „Geschichten" etwas auslösen. Dann kommt der Mitarbeiter nach einigen Tagen auf Sie zu und hinterfragt die zitierten Beispiele noch einmal. Jetzt ist der Startpunkt des Lernens erreicht. Zugegeben, dieses Vorgehen braucht etwas Glück und einen schon fast reifen Bewusstmachungsschritt, deshalb hier noch eine etwas schlagkräftigere Methode.

Folgende Bewusstmachungsmethode funktioniert auch dann, wenn die Beziehung zu dem betroffenen Mitarbeiter nicht optimal ist. Konfrontieren Sie die Person direkt und unverblümt mit der Unfähigkeit: „Herr Mitarbeiter, ich glaube Sie sind nicht teamfähig". Wichtig dabei ist, dass es einen direkten Bezug zu einem gerade passierten Fall gibt. Zum Beispiel, wenn Sie das negative Verhalten in einer gemeinsamen Besprechung beobachtet haben. „Ihr Verhalten eben gerade in der Besprechung hat auf mich sehr selbstgefällig und eigenbrötlerisch gewirkt". Ferner sollten Sie die Konfrontation in einer Ich-Botschaft übermitteln. Die Du-Botschaft „Sie sind nicht teamfähig" führt zu einer wesentlich stärkeren Abwehrreaktion als die Ich-Botschaft „ich habe den Eindruck …" oder „Ihr Verhalten kommt bei mir so an …". Ihren persönlichen Eindruck oder Ihr individuelles Empfinden kann der Mitarbeiter nicht in Frage stellen. Das ist Ihr Gefühl. Eine formulierte Tatsache – „Sie sind …" – kann er in Frage stellen. So oder so, in der Regel wird der Mitarbeiter auf eine solche Konfrontation abwehrend reagieren. „Wieso ich? Die Diskussion eben gerade wurde doch von dem Kollegen angeheizt. Ich habe doch nur unsere Interessen verteidigt. Mein Kollege ist nicht teamfähig, ich bin es sehr wohl". Solche oder ähnliche Zurückweisungen sind wahrscheinlich. Nun ist es wichtig, dass Sie nicht den Versuch starten, Ihren Mitarbeiter von Ihrer Meinung zu überzeugen. Das Falscheste wäre, sich nun durch zusätzliche Argumente, Beispiele oder Geschichten auf ein Rededuell einzulassen. Was jetzt zu tun ist, nennt man „kommunikatives Judo": Zur Seite treten und die Kraft des Angriffs Ihres Mitarbeiters an sich vorbei laufen lassen. „Ach so, ja, wenn Sie meinen, dann sollten wir das später noch einmal beobachten". Solche oder ähnliche Einlenkungen sollten das Gespräch jetzt beenden. Wenn Ihre Konfrontation klar und unmissverständlich war, gärt sie beim Mitarbeiter in den nächsten Tagen und Nächten. Vielleicht fragt er seine Frau oder einen Freund: „Bin ich eigentlich teamfähig"? Ein wirklicher Freund sagt dann die Wahrheit: „Dass du nicht teamfähig bist, weiß doch jeder. Weißt du das denn nicht"? Jetzt haben Sie als Führungskraft Ihr Ziel erreicht. Ohne dass sie den guten Freund je kennengelernt haben, hat er den von Ihnen angestoßenen Bewusstmachungsprozess vollendet. Der Mitarbeiter kommt auf Sie zu und spricht das Thema in offener oder verdeckter Form noch einmal an. Der Zeitpunkt zur Hilfestellung beim Lernen ist gekommen.

6 Führen heißt: Sich verantwortlich machen

Wozu nun dieser „Sozialklimbim"? Sie sind doch für die Abarbeitung von Konstruktionsaufgaben, von Aufträgen und für die Entwicklung neuer Produkte zuständig. Sind denn die Mitarbeiter nicht erwachsen genug, um für ihre Entwicklung und den Aufbau ihrer eigenen Fähigkeiten selbst Sorge zu tragen? Ich bin der festen Überzeugung, dass Sie als Führungskraft dafür verantwortlich sind. Sie wollen mehr oder etwas anderes von Ihren Mitarbeitern, als die Ihnen bisher gegeben haben. Sie wollen Wachstum Ihres Unternehmens und ständige Weiterentwicklung Ihrer Produkte. Zwar haben sich Ihre Mitarbeiter vertraglich verpflichtet, Ihnen dabei zu helfen, aber außergewöhnliche Leistungen für Sie zu erbringen, war aus Sicht der meisten Mitarbeiter wahrscheinlich nicht vereinbart. Deshalb müssen Sie Ihnen etwas dafür geben, damit sie Ihre ehrgeizigen Ziele unterstützen.

Darüber hinaus begeben sich die Mitarbeiter Ihnen gegenüber in eine Abhängigkeit. Obwohl der Mitarbeiter es eigentlich freiwillig tut, gibt er einen Teil seiner Eigenständigkeit und Entscheidungsfreiheit auf. Er begibt sich in die Situation, in der er Weisungen von Ihnen und Anderen annehmen muss. Einen Teil seiner Persönlichkeit legt er dadurch in Ihre Hände. Das macht Sie verantwortlich für diesen Persönlichkeitsanteil Ihrer Mitarbeiter. Der wichtigste menschliche Motivator ist, sich selbst zu entwickeln. Dies tut ein gesunder Mensch laufend und aus eigenem Antrieb. Für den Persönlichkeitsanteil, der von der Arbeitswelt geprägt wird, verliert der Mitarbeiter den vollständigen Einfluss auf seine Entwicklungsrichtung und -geschwindigkeit. Er delegiert ihn an Sie. Wenn Sie diese Einflussnahme nicht annehmen, entsteht beim Mitarbeiter ein Entwicklungsvakuum. Sie sind der, der die in diesem Vakuum liegenden Entwicklungspotentiale beeinflussen kann. Entweder geben Sie ihm seine Vollständigkeit zurück, indem Sie ihm eine Position verschaffen, in der er alles selbst entscheiden kann oder Sie sorgen für seine Entwicklung. Das zuerst genannte bedeutet, ihn als unternehmerisch handelnden Partner seine eigenen Ziele verfolgen zu lassen. Nur so bekommt er die Verantwortung für diesen Persönlichkeitsanteil wieder zurück. Da aber die meisten Geschäftsprozesse arbeitsteilig sind und unter strengen Vorgaben und Unternehmenszielen stehende Aufgaben beinhalten, können die wenigsten Mitarbeiter eigenständig handeln und entscheiden. Damit wird automatisch das Entwicklungsfeld „Arbeitsleben" in Ihre Hände gelegt. Nehmen Sie dieses Geschenk verantwortlich an!

Man unterscheidet folgende Abhängigkeiten:
- körperliche Abhängigkeit
- mentale Abhängigkeit
- wirtschaftliche Abhängigkeit
- emotionale/soziale Abhängigkeit

Wenn wir als Baby auf die Welt kommen, sind wir in allen vier Bereichen absolut abhängig. Zuerst verlieren wir, unter der Voraussetzung, dass keine Krankheit oder Behinderung vorliegt, unsere körperliche Abhängigkeit. Wenn das Kind sich allein anziehen, sich waschen und essen kann und dann auch irgendwann einmal nicht mehr in die Windeln macht, ist die körperliche Unabhängigkeit eingetreten. Einige Jahre später entsteht die mentale Unabhängigkeit. Der Jugendliche beginnt, sich seine eigene Meinung zu bilden. Von einem bestimmten Zeitpunkt an kann er selbst entscheiden, ob er die Meinung Anderer annimmt oder verwirft. Wenn er dies das erste Mal kann, ist er mental unabhängig. Einige Zeit später, in manchen Fällen auch vorher, beendet er seine Ausbildung und bekommt hoffentlich seinen ersten Job und sein erstes eigenes Geld. Jetzt ist er auch wirtschaftlich unabhängig. Er kann sich selbst ernähren und erhalten. All das sind bei gesunden Menschen fast automatisch ablaufende Prozesse. Die einzige Abhängigkeit, die nicht zu einem bestimmten Zeitpunkt abgelegt wird, ist die emotionale und soziale. Das ist die Abhängigkeit von der Meinung anderer Menschen über die eigene Person und über seine Rolle in der Gruppe. Diese Abhängigkeit kann ein Leben lang bestehen bleiben.

Ist jemand von einer anderen Person abhängig, so entsteht für diese Person eine gewisse Verantwortung. Eltern haben zum Beispiel die Verantwortung für das Überleben des Säuglings. Auf den Mitarbeiter übertragen sprechen wir in der Regel nur von der wirtschaftlichen und emotionalen Abhängigkeit. Sie als Führungskraft entscheiden über das Gehalt und über die Rolle des Mitarbeiters im Unternehmen. Darüber hinaus ist die Wahrscheinlichkeit sehr hoch, dass Ihr Mitarbeiter Ihr persönliches Urteil über ihn für wichtig hält. Das sind die Abhängigkeiten für die Sie Verantwortung übernehmen sollten.

VI

Projektmanagement in der Konstruktion und die Besonderheiten

In dem Kapitel über die Organisationsformen im Konstruktions- und Entwicklungsbereich bin ich schon kurz auf das Thema Projekte und Projektmanagement eingegangen. Dort habe ich den Idealfall der Projektmanagementorganisation beschrieben. In der Praxis findet er sich aber recht selten wieder. Die meisten Organisationsstrukturen, in denen projektmäßig gearbeitet wird, sind Abweichungen von der Lehrbuchorganisation. Der größte Unterschied zwischen Theorie und Praxis besteht in der Breite der Verantwortung des Projektleiters. In den meisten theoretisch beschriebenen Projektorganisationen hat der Projektmanager vom Anfang bis zum Ende die Verantwortung für das gesamte Projekt. Er sollte sich hier als Geschäftsführer seines Projektes sehen und entsprechend denken und handeln. Damit ist auch der Zugriff auf alle betroffenen Projektmitarbeiter anderer Abteilungen und Unternehmensfremder gemeint. Der Projektleiter agiert als Fachvorgesetzter für alle projektbezogenen Tätigkeiten. In diesem Idealfall entstehen die Vorteile, die ich oben schon beschrieben habe. Eine Person macht sich für die Zielerreichung und das Informationsmanagement innerhalb des Projektes verantwortlich. Der Projektleiter nimmt die ihm gestellte Aufgabe als sein „Baby" an.

In der Praxis von Konstruktions- und Entwicklungsabteilungen ist es häufig so, dass Mitarbeiter zwar zu sogenannten Projektleitern benannt werden, die Projektbearbeitung sich aber auf den Aufgabenpart der Konstruktion beschränkt. Alle vor- und nachgeschalteten Tätigkeiten, wie zum Beispiel Projektierung, Arbeitsvorbereitung, Produktion und Montage, bleiben in der vollen Verantwortung der anderen Abteilungen. Deshalb kann man hierbei nur von einem Konstruktionsprojekt reden. Der Konstrukteur ist nicht Projektleiter, sondern Aufgabenführer oder Teilprojektleiter. Die Schnittstelle zu einer vorgelagerten Abteilung wie Vertrieb oder Produktmanagement ist so wie in einer projektlosen Organisation. Die vorgelagerte Abteilung gibt die Konstruktionsaufgabe in die Konstruktionsabteilung per Pflichtenheft, Lastenheft oder Produktbeschreibung. Die Konstruktionsabteilung übernimmt diese Aufgabe, arbeitet sie mit entsprechenden Informationsaustauschen zu diversen anderen abteilungsinternen und -externen Bereichen ab und übergibt ihre Arbeitsergebnisse an die Folgebereiche. Vom klassischen Projektmanagement kann dann keine Rede mehr sein; dennoch besteht innerhalb der Konstruktionsabteilung die Möglichkeit, die Aufgabe als Projekt zu führen. Ein Mitarbeiter bekommt die Verantwortung für den Arbeitsanteil, der in der Konstruktion zu erledigen ist. Hierbei sind auch Zielvorgaben, wie Termine, Kosten und technische Ausführung, zu vereinbaren. Handelt es sich um größere Aufgaben, werden dem Aufgabenführer Mitarbeiter temporär zugeordnet. Die Vorteile durch weniger stark auftretende Schnittstellenprobleme, die bei einem abteilungsübergreifenden Projektleiter auftreten, kommen hier nicht zum Zuge. Lediglich die Schnittstellen innerhalb der Konstruktionsabteilung werden von dem Aufgabenführer überbrückt. Alle Schnittstellen nach außen bleiben so wie in einer projektlosen Organisation.

1 Die Leitung der Abteilung ist trotz Projektmanagement nötig

Existiert die eben beschriebene Aufgabenabwicklung, entsteht für den Konstruktionsleiter folgende Dreiteilung seiner Rolle:

1. Führungskraft in der Abteilung mit den klassischen Aufgaben
2. Masterprojektleiter und Koordinator für alle in der Abteilung laufenden Projekte
3. Projektleiter für besonders wichtige Projekte

Die klassischen Führungsaufgaben bleiben dem Abteilungsleiter, egal ob er mit Projekten arbeitet oder nicht. Er hat nach wie vor für Innovationen zu sorgen, die Abarbeitung von nicht projektmäßig installierten Aufgaben zu verantworten, die Mitarbeiter und Prozesse zu pflegen sowie die Rolle der Abteilung nach außen zu vertreten. All diese Aufgaben bleiben, auch was die zeitliche Bindung der Führungskraft anbelangt, bestehen. Sie nehmen durch die Einführung von Projektmanagement nicht ab – im Gegenteil. Wie oben beschrieben, entstehen durch projektähnliche Abwicklungen Qualifikationsanforderungen an die Mitarbeiter, die der Konstruktionschef zu erfüllen hat; das heißt, selbst wenn er durch die Delegation von Projektverantwortung an seine Mitarbeiter Zeit einspart, wird diese durch Mitarbeiterförderung und Pflege wieder aufgebraucht. Es ist also wichtig, dass sich die Führungskraft im Konstruktions- und Entwicklungsbereich nach wie vor auf die abteilungsleiterspezifischen Aufgaben konzentriert.

2 Prioritäten zwischen den Projekten

Das zweite Aufgabenspektrum, das Masterprojektmanagement, bedeutet die Koordination der Projekte untereinander. Da es sich in dem beschriebenen Beispiel nur um abteilungsinterne Aufgaben handelt, steht es in der Macht des Abteilungsleiters, Projekten Priorität zu geben. Er entscheidet, in welcher Reihenfolge und in welcher Intensität die Aufgaben abgearbeitet werden, damit die Aufgabenführer untereinander koordiniert werden können. Da einige Projektleiter oft auf die selben Ressourcen und Mitarbeiter zurückgreifen, sind Entscheidungen, welche Projekte anderen vorgezogen werden, an der Tagesordnung. Nimmt der Konstruktionsleiter diese Masterprojektleiterrolle nicht an, überlässt er die Priorität der Projekte den persönlichen Stärken der Projektleiter. Je qualifizierter und erfahrener ein Projektleiter ist, umso mehr ist er in der Lage, weniger qualifizierten Kollegen die zu teilenden Ressourcen abspenstig zu machen. Starke Projektleiter haben erfolgreiche Projekte. In solchen Fällen ist die Entscheidung über die Projektpriorität mit der Auswahl des Projektleiters gefallen, es sei denn, Sie setzen als Masterprojektleiter die Prioritäten zwischendurch anders, so dass die starken Projektleiter gebremst und die schwachen gefördert werden. Jede Nichteinmischung überlässt die Reihenfolge der Projekte dem Spiel der Kräfte. Es ist also wichtig, dass Sie sich ein Instrumentarium zurechtlegen, mit dem Sie die Zwischenergebnisse oder Meilensteine der Projekte abfragen und regelmäßig die Prioritäten von Projekt zu Projekt definieren. Nur über die klare und regelmäßige Aussage, welche Projekte anderen vorgezogen werden, können Sie den Mitarbeitern Sicherheit bezüglich ihrer Aufgabenerfüllung geben. Wird zwischen zwei konkurrierenden Aufgaben keine klare Priorität gesetzt, sät das bei Ihren Mitarbeitern Unsicherheit. Wenn das Recht des stärkeren Projektleiters gilt, bedeutet das für die anderen Projektleiter sowie für die Mitarbeiter, die dem Projekt dienen, Unsicherheit. Es entsteht das Gefühl, dass nach nichtobjektiven Gesichtspunkten Prioritäten gesetzt werden. Besonders die Mitarbeiter, die aufgrund der persönlichen Macht eines Projektleiters aus einem anderen Projekt abgezogen werden, empfinden das als Entwürdigung. Es entsteht das Gefühl, dass in Ihrer Abteilung nicht entschieden wird. Selbst wenn Sie die dadurch entstehenden Prioritäten billigen, sollten Sie klarstellen, dass es auch Ihre Entscheidung ist, dem einen Projekt den Vorzug gegenüber dem anderen zu geben. Glauben die Mitarbeiter, dass ein oder wenige Projektleiter die Macht der Prioritätenvergabe an sich gerissen haben, wird diese Art der Aufgabenabwicklung verteufelt. Das Projektmanagement wird abgelehnt, weil es Unsicherheit bringt. Deshalb empfehle ich Ihnen, die Masterprojektleiterrolle anzunehmen.

3 Der Abteilungsleiter führt selbst Projekte

In den meisten Unternehmen ist es so, dass auch der Abteilungsleiter selbst Projekte führt. Hier gilt dann Ähnliches wie eben beschrieben. Dadurch installieren die Vorgesetzten des Abteilungsleiters eine unausgesprochene Priorität für die Projekte, die die Führungskraft selbst führt. Diese Aufgaben oder Aufträge nennt man dann Chefprojekte. Das bedeutet für Sie, dass Sie mit den Prioritäten zwischen Ihren und den anderen Projekten sehr bewusst umgehen müssen. Sie geraten dadurch in die Zwickmühle, alle abteilungsinternen Projekte auf der einen Seite und Ihre persönlichen Projekte auf der anderen Seite ins Ziel führen zu müssen. Sind aufgrund mangelnder Kapazitäten die Projekte Ihrer Mitarbeiter weniger erfolgreich, wird mit einer sehr hohen Wahrscheinlichkeit von diesen Mitarbeitern das Chefprojekt als Verursacher angeführt. Dann fallen Sätze wie: „Auf der einen Seite will mein Chef, dass ich mein Projekt zielgerecht erledige, auf der anderen Seite nimmt er mir für sein eigenes Projekt die Mitarbeiter wieder weg". Stellen Sie aber Ihr Chefprojekt hinter die Projekte Ihrer Mitarbeiter, besteht die Möglichkeit, dass Ihr Projekt nicht zielgerecht erledigt wird. Dadurch geraten Sie möglicherweise in den Focus Ihrer eigenen Vorgesetzten. Um aus dieser Zwickmühle herauszukommen, ist es anzuraten, die Prioritäten der Projekte in einer offenen Kommunikation zu setzen. Sie können zum Beispiel in einem Projektleiter-Meeting mit Ihren Mitarbeitern gemeinsam entscheiden, welche Projekte Priorität erhalten sollen. Die Mitarbeiter müssen dabei das Gefühl bekommen, dass Sie in diesem Meeting nicht der Chef, sondern einer von mehreren Projektleitern sind. Die Entscheidung über Reihenfolgen von Projekten können so gemeinsam entwickelt und getragen werden. Tritt dann bei dem Projekt Ihres Mitarbeiters ein Misserfolg ein, ist allen Beteiligten klar, dass es sich hier um eine Folge der gemeinsamen Prioritätensetzung handelt. Ihr Mitarbeiter wird nicht frustriert, da er weiß, dass es beim nächsten Projekt anders sein kann. Es wird ihm das Gefühl genommen, dass die Chefprojekte immer die Sieger sind.

4 Ihre Rolle ist maßgebend für den Erfolg von Projektmanagement

Gehen Sie bitte mit den drei Rollen – Abteilungsleiter, Masterprojektleiter, Projektleiter – bewusst um. Auch die Mitarbeiter können spüren, dass Sie heute der fordernde und fördernde Chef sind und vielleicht schon morgen der Kollege mit einem gleichrangigen Projekt. Wird diese Form des Rollenwechsels offen wahrgenommen und vielleicht sogar angesprochen, verlieren Sie durch die Phasen der Gleichberechtigung als Projektleiter nicht Ihr Gesicht.

Nicht alle Aufgaben in den Konstruktions- und Entwicklungsabteilungen können zu Projekten gemacht werden. Die wichtigste Unterscheidung liegt zwischen den Aufgaben mit Anfang und Ende und den kontinuierlichen Aufgaben. Letztere sind zum Beispiel Datensicherung und -pflege, Schulungen für andere Bereiche und alle kleinen, kontinuierlich eintreffenden Aufgaben, die einer stetigen Abarbeitung unterzogen sind. Kontinuierliche Aufgaben dürfen nicht als Projekte etabliert werden, da es hierbei kein klares Aufgabenende gibt.

Aufgaben, die eine bestimmte Bearbeitungszeit unterschreiten, sollten ebenfalls nicht zu Projekten gemacht werden. Wo die Grenze zwischen Projekten und Nicht-Projekten, also Linienaufgaben, gezogen werden muss, möchte ich später beschreiben. Sollen Konstruktionsaufgaben als Projekte geführt werden, so ist ihre Abarbeitung im Vorfeld zu planen. Dadurch entsteht zu Beginn einer Aufgabe ein erhöhter administrativer Aufwand. Die Meilensteine, Erledigungstermine, Freigabeschritte, Zeiteinheiten und Ressourcen werden vor dem tatsächlichen Bearbeitungsstart geplant. Da es Ihren Projektleiter Zeit kostet, sollten Sie sich vor der Etablierung dieser Art der Auftragsbearbeitung noch einmal über die Beweggründe von Projektmanagement Klarheit verschaffen. Wollen Sie Durchlaufzeiten verkürzen, Kosten- oder Funktionsziele besser treffen, Ihre Mitarbeiter fördern oder Schnittstellen optimieren? Der angestrebte Nutzen muss in jedem Falle größer sein, als der durch die erhöhte Administration vergrößerte Aufwand. Das, was Sie „vorne mehr reinstecken", muss „hinten überproportional mehr herauskommen". Dieses Aufwand-Nutzen-Verhältnis ist bei kleineren Jobs in der Regel negativ. Kleine Aufträge sind häufig, wenn sofort angefangen wird, schneller erledigt als geplant. Projektmanagement als Selbstzweck ist Verschwendung.

Parallel dazu entsteht bei zu vielen Projekten ein erhöhter Masterprojektmanagementaufwand. Die Koordination unübersehbarer Projektmengen ist ebenfalls ein administrativer Aufwand, der zwar nicht im einzelnen Projekt, aber für die Gesamtkapazität anfällt. Hier sollte die Grenze an dem Pflegeaufwand des Masterprojektmanagements festgemacht werden. Muss das Masterprojektmanagement mehr als einmal täglich nachgepflegt werden, ist die Menge der Projekte wahrscheinlich zu groß. Ausnahmen bestätigen die Regel: Sind alle Ihre Konstruktionsaufgaben würdig, als Projekt bearbeitet zu werden, stellt sich die Frage nach dem Aufwand des Masterprojektmanagements nicht mehr. Sind alle Aufgaben vom Volumen her so groß, dass sie ohne Projektmanagement nicht abgearbeitet werden können, oder sind die Aufgaben mit einem interdisziplinären Team abzuarbeiten, tritt die Aufgaben-Nutzen-Betrachtung, die ich eben aufgezeigt habe, in den Hintergrund. Der Nutzen liegt in der Fähigkeit, diese Aufgaben überhaupt abarbeiten zu können. Würden Sie hier keine Projekte führen, wären Sie nicht in der Lage diese Aufgaben anzunehmen. Also ist fast jeder Aufwand zu rechtfertigen.

Ein weiterer Grund, eine Trennung zwischen Projektaufgaben und Liniengeschäft zu vollziehen, ist die Verleihung eines Stellenwertes für bestimmte Aufgaben. Es kann vorkommen, dass Sie ausgewählten Konstruktionsaufgaben einen immateriellen Stellenwert gegenüber dem „Normalgeschäft" geben wollen. Mögliche Gründe hierfür können sein: besonders wichtiger Entwicklungsauftrag, extrem wichtiger Kunde, sehr kurzer Liefertermin, prestigeträchtige Aufgabe, überlebenswichtige Innovation, Verbesserung der Marktposition usw. Würden Sie jede kleine Aufgabe zum Projekt ernennen, hätten Sie nicht mehr die Möglichkeit, die oben genannten besonderen Aufträge aufzuwerten. Eine solche Aufwertung ist, wenn Projekte etwas besonderes bleiben, eine sehr wirkungsvolle Maßnahme. Alle Beteiligten, auch die außerhalb Ihres Bereiches, geben diesem Job Priorität. Er kann also mit einer wesentlich höheren Wahrscheinlichkeit als sonst sicher ins Ziel geführt werden. Man sollte jedoch beachten, dass solche Sonderprojekte oft einen „Friedhof" von Normalaufgaben hinterlassen. Alle Kräfte des Hauses konzentrieren sich auf die Sonderaufgabe und vergessen das Tagesgeschäft. Dennoch kann es in bestimmten Situationen von Wichtigkeit sein, besondere Projekte hervorzuheben, da möglicherweise der nächste Entwicklungsschritt des Unternehmens davon abhängt.

5 Wie trennt man Projekte vom Liniengeschäft?

Was zum Projekt gemacht wird, ist klar und öffentlich zu definieren. Ein mögliches Kriterium ist die Bearbeitungszeit. Alle Aufgaben, die in Ihrer Abteilung eine Bearbeitungszeit von mehr als x Stunden benötigen, werden als Projekt behandelt. Diese Grenze kann im ersten Schritt nach Gefühl gesetzt werden. Stellen Sie dann fest, dass Sie zu viele Projekte koordinieren müssen oder einige Projekte dabei sind, bei denen der administrative Aufwand den Nutzen nicht rechtfertigt, sollte die Stundengrenze erhöht werden. Dadurch reduziert sich automatisch die Anzahl der Projekte und der Anteil des Liniengeschäfts erhöht sich. Stellen Sie fest, dass wichtige Aufgaben nicht als Projekt bearbeitet werden, obwohl sie so behandelt werden müssten, setzen Sie die Stundengrenze herunter, so dass alle wichtigen Aufgaben zu Projekten werden. Eine objektive, für alle Unternehmen geltende Zahl, gibt es hier nicht. Außerdem muss diese Grenze regelmäßig angepasst werden, da sich Rahmenbedingungen, Aufgabenumfang und Interdisziplinarität ständig ändern.

Nachdem die Grenze zwischen Linien- und Projektaufgabe gezogen ist, sollte für jeden Ihrer Mitarbeiter eine Abschätzung vorgenommen werden, mit wie viel Prozent seiner Arbeitszeit er sich durchschnittlich mit Linienaufgaben beschäftigt. Hier sind auch die kontinuierlichen und unplanbaren Aufgaben zu integrieren. Die Bezeichnung hierfür ist „Grundauslastung" (Abb. 18). In der Regel ist die Grundauslastung von Mitarbeiter zu Mitarbeiter recht unterschiedlich, bei einem einzelnen Mitarbeiter allerdings über

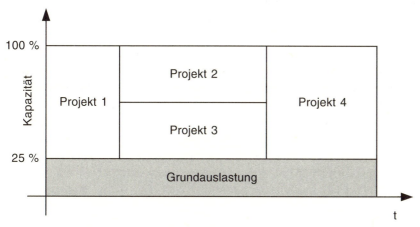

Abbildung 18: Verplanung der Mitarbeiterkapazität im Projektmanagement

einen längeren Zeitraum hinweg meistens kontinuierlich. Einige Mitarbeiter beschäftigen sich zu 5 % ihrer Zeit mit kontinuierlichen Aufgaben und Linienjobs, andere hingegen mit dauerhaft 80 %. Sollte es bei Ihren Mitarbeitern nicht nur von Person zu Person, sondern auch an jedem Arbeitsplatz extreme Schwankungen der Grundauslastung geben, kann die Abschätzung auch gruppenweise vorgenommen werden. In jedem Fall ist es aber wichtig, sich über den Anteil der kontinuierlichen Grundauslastung Klarheit zu verschaffen, da Projektplanungen sonst unmöglich sind. Haben Sie annähernd sichere Werte über die für die Projekte zur Verfügung stehende Kapazität, darf natürlich auch nur dieser Anteil für die Projektbearbeitung verplant werden.

Kurzfristige Grundauslastungsschwankungen brauchen nicht in die Projektplanung einbezogen werden, da sich Schwankungen nach oben und nach unten in der Regel aufheben. Hat ein Mitarbeiter beispielsweise eine 25%ige Grundauslastung, können Sie ihn mit den verbleibenden 75 % seiner Anwesenheitszeit für Projekte verplanen. Werden dem Mitarbeiter ein, zwei oder mehrere Projekte übergeben, sind diese ebenfalls anteilig mit der verbleibenden Kapazität zu versehen. Wichtig hierbei ist, dass 100 % aller von dem Mitarbeiter zu erledigenden Aufgaben – im Projekt und in der Grundlast – Berücksichtigung finden. Nur dadurch werden Sie in die Lage versetzt, unvorhergesehene Kapazitätsfresser, die die Projekte gefährden, zu erkennen und darauf zu reagieren. „Ich habe das Projekt nicht erledigen können, weil noch die Aufgaben a und b dazwischen gekommen sind". Dieser Art von Aussagen muss die Grundlage entzogen werden. Alles was dazwischen kommen kann und außerhalb der geplanten Grundlast liegt, muss die Projektplanung verändern. Dadurch wird auch der Mitarbeiter zum bewussten Umgang mit seiner Zeit geschult. Haben Sie aber nicht alle Tätigkeiten erfasst, bleiben ständig Schlupflöcher für ungeplante, projektgefährdende Aufgaben. Wird ein in der Grundlast eingeplanter Auftrag unvorhergesehenerweise so zeitintensiv, dass er die gesetzte Bearbeitungszeitgrenze überschreitet, muss er selbstverständlich als Projekt nachgepflegt werden. Dadurch provozieren Sie die bewusste Entscheidung, diese unvorhergesehene Aufgabe als wichtiger oder unwichtiger gegenüber den laufenden Projekten einzustufen. Tun Sie dies nicht, werden längerfristige Projekte immer gegen das abzuarbeitende Liniengeschäft und gegen ungeplante, größere Aufgaben verlieren. Kurzfristige Jobs sind im Gegensatz zu langfristigen Aufgaben harte Forderungen, denen die weichen Forderungen, eines sehr weit in der Zukunft fertigzustellenden Auftrages, nicht standhalten können.

6 Abteilungsübergreifende Voraussetzungen für Projektmanagement

Neben den abteilungsinternen Voraussetzungen bedarf es für die erfolgreiche Führung von Projekten auch noch einiger Installationen außerhalb Ihrer Abteilung. Eine der wichtigsten Maßnahmen ist die Installation eines Projektlenkungsgremiums, welches interdisziplinär besetzt ist. Bei der oben beschriebenen Prioritätenvergabe zwischen den Projekten bin ich ausschließlich auf Ihre abteilungs- oder bereichsinternen Entscheidungen eingegangen. Ob ein Projekt einem anderen vorgezogen wird, sollte auch vom Vertrieb, vom Produktmanagement, vom Produktionsbereich und nicht zuletzt von der Geschäftsleitung mit entschieden werden. Um Klarheit für Ihre Projektleiter zu schaffen, muss ein auf Geschäfts- und Bereichsleitungsebene angesiedelter Lenkungskreis installiert werden. Dieser Lenkungskreis vergibt offiziell die Projekte. Handelt es sich um eine größere Anzahl von Aufgaben, die regelmäßig zu Projekten gemacht werden, kann der Lenkungskreis diese Aufgabe an Sie oder einen Kollegen delegieren. Die Entscheidung, ob Projekte Priorität erhalten oder nicht, sollte ebenfalls von dem Lenkungskreis wahrgenommen werden. Dadurch erspart sich ein Unternehmen Enttäuschungen über den Fortschritt und den Erfolg von Konstruktionsaufgaben. Alle Beteiligten sind regelmäßig informiert und tragen Entscheidungen mit. Auch die Beendigung eines Projektes wird durch den Lenkungskreis verabschiedet. Hat Ihr Mitarbeiter das Projekt mehr oder weniger erfolgreich ins Ziel gebracht, präsentiert er dem Lenkungskreis die Ergebnisse, die noch offenen Punkte, das Resümee und, bei einem Misserfolg, die Lerninhalte. Anschließend entlastet der Lenkungskreis den Projektleiter. Verzichten Sie auf ein solches Gremium, laufen Sie Gefahr, dass Ihre Mitarbeiter unsicher werden und die Projektziele nicht voll verinnerlichen. Eine solche Institution sollte sich in regelmäßigen Abständen und nicht nur bei Bedarf treffen, um die drei Aufgaben – Projektvergabe, Prioritäten setzen, Entlastung des Projektleiters – wahrzunehmen. Solche Meetings sind, wenn Sie als Masterprojektleiter die Informationsaufbereitung entsprechend durchgeführt haben, in sehr kurzer Zeit abzuhalten.

7 Der Ablauf eines Projektes

Im Folgenden möchte ich den idealen Ablauf eines Entwicklungsprojektes beschreiben, der in elf Schritte aufgeteilt ist und ein optimal ablaufendes Projekt skizziert (Abb. 19). Allerdings ist mir klar, dass nicht jedes Projekt so abgewickelt werden kann oder muss. Trotzdem ist es wichtig, die dort ablaufenden Gedankengänge nachzuvollziehen. Inwieweit Sie sich bei der Führung von Projekten an diesen Perfektionismus anlehnen, bleibt Ihnen überlassen. Wichtig ist die Kenntnis darüber, was man versäumt, wenn man einen oder mehrere Schritte unterlässt.

Zuerst sollte das Projektthema festgelegt werden. Dieses ist Ihre Aufgabe oder die des Lenkungskreises. Dabei werden die Vorschläge zum Vorhaben gesammelt und geprüft. Daraus wird ein vorläufiges Projektthema und -ziel herausgearbeitet. Die Formulierungen sollten möglichst genau sein. Äußerungen wie: "Verbesserung der Qualität einer bestehenden Produktreihe" sind mit Sicherheit nicht genau genug. Handelt es sich um eine Variantenkonstruktion, eine Neukonstruktion oder um grundlegende Untersuchungen? All diese Dinge sollten hier schon festgelegt und mit konkreten Zielen versehen werden.

Im Anschluss daran wird durch Sie oder den Lenkungskreis eine grobe Projektabgrenzung vorgenommen. Aus dem Projektthema sollten sich der Zeitrahmen, der erforderliche Personalaufwand, der Finanzrahmen und weitere Sachbedingungen ableiten lassen. Es muss abgeschätzt werden, wann Sie das Projekt beendet haben können, wie viele Ihrer Mitarbeiter oder andere Personen dadurch gebunden sein werden und welche finanziellen Mittel dafür aufgebracht werden müssen. Ebenso kann schon hier geklärt werden, ob die von Ihnen eingesetzten Hilfsmittel wie CAD, Versuchsfelder, vorhandene Prototypen und Ähnliches zur Verfügung stehen. Dies ist ein sehr wichtiger Schritt, um schon recht früh die Realisierbarkeit des Vorhabens abzuschätzen. Je früher Sie feststellen, dass ein Projekt nicht realisierbar ist, umso billiger wird der Projektabbruch. Selbstverständlich sind bei diesen Betrachtungen andere laufende Projekte und die Grundauslastung Ihrer Mitarbeiter zu berücksichtigen.

Daraus ableitend erarbeiten Sie oder der Lenkungskreis eine Projektskizze. Hier werden die Projektziele detailliert, so dass die betreffenden Personen schon mit konkreten Formulierungen beteiligt werden können. Die umliegenden Bereiche, Lieferanten und andere Institutionen sollten hier bereits vorinformiert werden. Diese Projektskizze dient dazu, die Machbarkeit des Projektes aus Sicht der Beteiligten abzuprüfen. Es ist selbstverständlich, dass

7 Der Ablauf eines Projektes

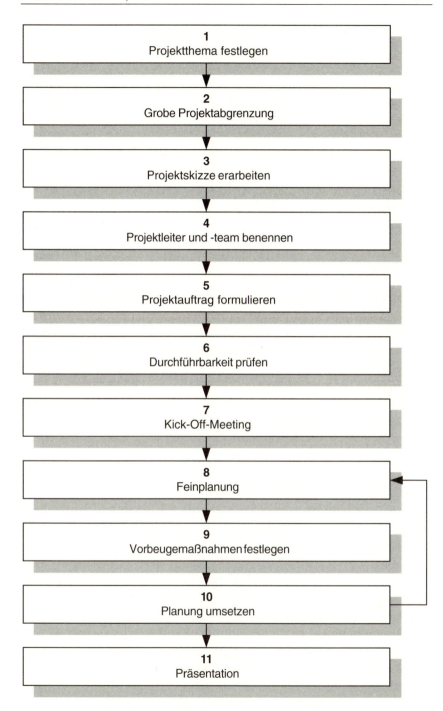

Abbildung 19: Ablauf eines Projektes

die Ergebnisse der Projektskizze schriftlich festgehalten werden. Sollten Erkenntnisse oder Beiträge der zu beteiligenden Personen zu der Entscheidung führen, das Projekt nicht zu starten, wird es hier abgebrochen.

Erst wenn die Projektskizze eine positive Entscheidung herbeiführt, werden der Projektleiter und sein Team benannt. Das sollten, wie oben beschrieben, der Lenkungskreis oder Sie erledigen. Die Mitarbeiter werden informiert und auf eventuell erforderliche Qualifikationsmaßnahmen hin bewertet. Stellen Sie beispielsweise in dieser Projektphase fest, dass der Projektleiter, den Sie nominieren wollen, nicht genug CAD-Kenntnisse hat, besteht die Möglichkeit, ihn vorher noch zu schulen. Erkenntnisse bezüglich des Qualifikationsbedarfs der Projektteilnehmer führen in dieser frühen Phase noch nicht zu Projektverzögerungen. Bemerken Sie dieses jedoch erst nach Beginn der operativen Tätigkeiten im Projekt, ist es zu spät.

Nun kommt für Sie und den Lenkungskreis der vorerst letzte Schritt: die Formulierung des Projektauftrages. Neben dem Thema und der zu lösenden Problemstellung sind selbstverständlich die Ziele und Rahmenbedingungen zu formulieren. Die Zieldefinition ist aufzuteilen in: Zeitziele, Sachziele, Kostenziele. Werden Projektziele formuliert wie „Kostenreduzierung für die Maschine xy" sind Enttäuschungen vorprogrammiert. Mit an Sicherheit grenzender Wahrscheinlichkeit wird jede Abteilung oder jeder Bereich in Ihrem Unternehmen die Kostensenkungsziele anders interpretieren. Für den Logistiker reicht schon eine Teilevielfaltreduzierung, für den Produktionsexperten geht es um die unmittelbaren Herstellkosten und für den Serviceleiter möglicherweise um die Reduzierung der Gewährleistungskosten. Erweisen Sie sich und Ihrem Projektleiter einen Gefallen und formulieren Sie den Projektauftrag sehr genau und abprüfbar. Anschließend wird der Projektauftrag dem Projektleiter und seinem Team übergeben.

Nun ist Ihr Projektleiter am Zug. Er prüft den erhaltenen Auftrag auf Durchführbarkeit. Er bewertet die Projektskizze bezüglich der Aufgabenkomplexität, des Kapazitätsbedarfs, der Rahmenbedingungen und der Zielerreichungswahrscheinlichkeit. Nimmt er das Projekt an, war das Ergebnis seiner Prüfung positiv. Sieht er aber, dass das Projekt, so wie es von Ihnen und vom Lenkungskreis skizziert wurde, nicht durchführbar ist, ist es seine Pflicht, Ihnen Änderungsvorschläge zu unterbreiten. Tut er das in diesem Falle nicht und nimmt das Projekt trotzdem an, betrügt er Sie und das Unternehmen. Diese Durchführbarkeitsprüfung ist eine der wichtigsten Phasen im Projekt. Viele Mitarbeiter sind zu vorsichtig, um knapp kalkulierte Projekte als machbar erkennen zu können und wollen diese Art Projekte nicht annehmen. Sind Sie aber von der Durchführbarkeit überzeugt, können Sie Ihrem Mitarbeiter die Verantwortung für die Zielerreichung abnehmen, indem Sie ihm zusichern, bei einem Misserfolg die Verantwortung auf sich zu nehmen. Manchmal kann Ihr Mitarbeiter aufgrund fehlender Erfahrungen die Machbarkeit eines Projektes gar nicht beurteilen. Auch in solchen Fällen bleibt die Verantwortung für die Zielerreichung bei Ihnen. Handelt es sich aber um einen erfahrenen Projektleiter, der die Erreichbarkeit möglicherweise besser beurteilen kann als Sie, übernimmt er durch Annahme des Projektes die volle Verantwortung für die Ziele. Einem solchen Mitarbeiter können und müssen Sie diese Verantwortung überlassen. Wichtig bei diesem Punkt ist die Erkenntnis des Projektleiters, welchen Teil der Verantwortung er hier übernimmt. Es darf nicht sein, dass Aufgaben übernommen werden, bei denen nicht an die Machbarkeit geglaubt wird. Ohne den Glauben an die Durchführbarkeit kann keine eigene Verantwortung beim Projektleiter entstehen.

Ist das Projekt vom Projektleiter angenommen, kann ein Kick-Off-Meeting stattfinden. Es wird vom Projektleiter initiiert und durchgeführt. Teilnehmer sollten das Projektteam, der Lenkungskreis und die wichtigsten daran beteiligten Bereiche sein. Der Projektauftrag wird vorgestellt, die Vorgehensweise, die jetzt schon absehbar ist, erarbeitet und die Projektaufgaben verteilt. Das Kick-Off-Meeting hat informierenden, aber auch psychologischen, Charakter. Wichtige Projekte können in einem feierlichen Rahmen gestartet werden. Ein Kick-Off-Meeting sollte sich von einer normalen Besprechung unterscheiden. Ein wichtiges Entwicklungsprojekt verdient es möglicherweise, nicht nur mit einer professionellen Präsentation, sondern auch mit Imbiss und Champagner gestartet zu werden. Auch externe Räume in Hotels oder Tagungsstätten können der angemessene Rahmen für den Beginn eines wichtigen Projektes sein. Lässt sich für die Teilnehmer des Kick-Off-Meetings diese Veranstaltung nicht von einer einfachen Besprechung unterscheiden, fällt der psychologische Anteil des Meetings weg. Nach einigen Tagen kann sich kaum noch jemand daran erinnern, dass es ein Kick-Off gegeben hat. Führen Sie andererseits aber monatlich Champagner-Meetings zum Projektstart durch, ist auch dieses, abgesehen von den explodierenden Kosten, bald abgeschliffen. Ich möchte Sie anregen, bezüglich des Rahmens eines Kick-Off-Meetings, Ihre Fantasie spielen zu lassen. Auch die Ausstattung des Besprechungsraumes dient unserem Ziel, die Beteiligten einzuschwören. Vielleicht können Sie den Raum mit Ausdrucken, Fotos, Zeichnungen und Exponaten von Vorläuferentwicklungen schmücken, so dass das Thema des neuen Entwicklungsauftrages an Wichtigkeit gewinnt. Selbstverständlich ist aber die präsentierte Information wichtiger als das Umfeld.

Nun beginnen der Projektleiter und sein Team mit der Feinplanung des Projekts. Die Aufgaben und Tätigkeiten werden beschrieben, ein Qualifizierungsplan für die Beteiligten erstellt, Abhängigkeiten und zeitliche Reihenfolgen der Tätigkeiten definiert, Freigabepunkte festgelegt, ein Kostenplan aufgestellt, ein Personal- und Kapazitätsplan aufgebaut und ein Zeit- und Terminplan erarbeitet. Ob es sich um Balkendiagramme, Netzpläne, Informationsflussdiagramme, Aufgabenlisten oder Wiedervorlagen handelt, hängt von den Erfahrungen des Projektleiters und der Größe des Projektes ab. Ziel dieser Übung ist es, das Projekt im Vorfeld zu planen, nicht aber irgendwelchen Projektplanungswerkzeugen, ob mit oder ohne EDV, zu frönen. Der Projektleiter sollte frei entscheiden, welche Planungswerkzeuge ihm liegen und er benutzen will. Es sei denn, die Beteiligten sind auf EDV-gestütztes Informationsmanagement angewiesen. Daraus ergibt sich selbstverständlich die Wahl eines Projektplanungstools. Häufig wird an dieser Stelle das EDV-Werkzeug zum Selbstzweck gemacht. Oft glaubt man mit der Wahl der Planungssoftware Projektmanagement richtig oder falsch installiert zu haben. Zu vergleichen ist ein solches Tool mit einem Kugelschreiber. Je nach Bedarf wählen Sie den Schreibstift aus: mit breiter Mine, schmaler Mine, dokumentenecht, ausradierbar oder nachfüllbar. Die Inhalte, die Sie mit dem Schreibgerät aufzeichnen, werden mit der Wahl des Stiftes weder besser noch schlechter. Der Schreibvorgang selbst kann zwar effektiver oder weniger effektiv werden, die gemachten Aussagen bleiben aber bezüglich ihrer Qualität unangetastet. Genauso ist es mit der Wahl des Projektmanagement EDV-Tools. Der Erfolg des Projektmanagements ist von den oben beschriebenen Schritten, der Funktionsweise der Gremien, der Funktionsweise des Masterprojektleiters, dem Informationsmanagement und dem Verhalten der Beteiligten abhängig. Erst in letzter Linie von der angewandten Software.

Hat der Projektleiter seine Feinplanung erledigt, sollte er Vorbeugemaßnahmen festlegen. Erkennbaren Störgrößen sollte er mit vorbeugenden Maßnahmen begegnen. Sieht er beispielsweise, dass während des Entwicklungsprojektes, die Erstellung von Prototypen eine besonders zeitkritische Angelegenheit ist, muss er sofort die entsprechenden Kapazitäten reservieren oder mögliche weitere Ressourcen des Prototypenbaus mobilisieren. Hier entscheidet sich der Erfolg und der Misserfolg von Projekten. Jetzt fließt die Erfahrung des Projektleiters ein. Auch FMEAs (Fehlermöglichkeits- und Einfluss-Analysen) haben zu diesem Zeitpunkt ihren richtigen Platz.

Erst jetzt beginnt die operative Umsetzung der Projektabwicklung. Das Projektteam, der Projektleiter, diverse Arbeitsgruppen und andere Mitarbeiter nehmen ihre Arbeit auf. Die Konzeption wird erstellt, die Entwürfe, die ersten Grundsatzversuche, möglicherweise schon Detailzeichnungen für Prototypen, usw., usw. Bis die ersten Freigabepunkte im Entwicklungsprojekt erreicht sind, obliegt es Ihrem Projektleiter die Kosten, die Termine, die

Kapazität und die erarbeitete Qualität zu überprüfen und zu steuern. Daraufhin passt er seine Feinplanung an. Es zeigt sich, ob der Detaillierungsgrad der Planung des Projektes stimmt. Muss Ihr Projektleiter seine Feinplanung mehr als einmal täglich korrigieren, hat er sein Projekt zu fein geplant. Der Planungsaufwand steht in der Regel in solchen Fällen in keinem Verhältnis mehr zu dem Nutzen. Darüber hinaus beschäftigt sich der Projektleiter mit nichts anderem mehr als mit der Planung. Er findet keine Zeit mehr für seine eigentliche konstruktive Aufgabe im Projekt. Pflegt er aber seine Feinplanung nur einmal monatlich oder noch seltener, kann man meistens davon ausgehen, dass er zu grob geplant hat. Alle dazwischen liegenden Aktivitäten bleiben ungeplant und erfahren dadurch nicht die Vorteile des Projektmanagements. Auch Informationen, die zwischenzeitlich benötigt oder erzeugt werden, gehen an ihm vorbei. Er verliert jede Kontrolle. Selbstverständlich hat er bei der Durchführung Ihnen und dem Lenkungskreis gegenüber die vorher vereinbarten Rapportpunkte einzuhalten. Wie häufig und intensiv diese gelegt werden, haben Sie ihm im Vorfeld vorgeschrieben.

Geben Sie Ihrem Projektleiter nach Abschluss eines Projektes die Möglichkeit, dem Lenkungskreis und Ihnen die Ergebnisse zu präsentieren. Idealerweise ist bei der Präsentation der gleiche Teilnehmerkreis anwesend wie beim Kick-Off-Meeting. Die erfolgreichen und weniger erfolgreichen Ergebnisse, die noch offen Punkte und die Lernerfolge für das Unternehmen sollten zusammengefasst werden. Hier bedarf es der Ehrlichkeit des Projektleiters gegenüber dem Lenkungskreis, indem er keine Tatsachen beschönigt. Verschweigt er offene Punkte oder nicht erreichte Teilziele, kann das Unternehmen von diesen Erfahrungen nicht profitieren. Das Lernen aus Fehlern verbliebe dann beim Projektleiter und könnte sich nicht in die Breite multiplizieren. Hat ein Projekt noch einige unerledigte Punkte, ist zu entscheiden, ob diese in der für den Mitarbeiter weiterhin bestehenden Grundauslastung abgearbeitet werden, das Projekt weitergeführt oder ein Nachfolgeprojekt ins Leben gerufen wird. Jedes Projekt sollte jedoch ein Ende finden. Bei einer größeren Anzahl von offenen Punkten empfehle ich Ihnen, ein Folgeprojekt zu eröffnen, damit die Abgrenzung zwischen dem Erledigten und dem Unerledigten sichtbar wird.

8 Planung und Aufbau eines Projektes

Einer der wichtigsten Einflussfaktoren auf die erfolgreiche Durchführung von Projekten ist die richtige Planung und Detaillierung der Aufgaben. Hier gibt es unter anderem zwei Grundausrichtungen:
1. Aufgabendetaillierung nach Erledigungsschritten in der Konstruktion
2. Aufgabendetaillierung nach Bedarf des weiterverarbeitenden Bereichs

Bei einer Entwicklungsaufgabe werden die meisten Planungen nach den Fertigstellungsterminen der Unteraufgaben aufgebaut. Dies können sein: die Konzepterstellung, die Entwurfserstellung, die Detaillierung, der Prototyp, die Serienfreigabe. Diese Art der Projektaufteilung kommt dem Ersteller, also dem Konstruktionsingenieur, entgegen, da sein Arbeitsablauf in diesen Schritten stattfindet. Er kann den Arbeitsfortschritt, so wie er an seinem Arbeitsplatz entsteht, über die Projektplanung abprüfen und Abweichungen sofort erkennen. Hierbei kann es allerdings vorkommen, dass nachgeschaltete Bereiche, Lieferanten oder Kunden nicht ausreichend berücksichtigt werden. In vielen Projekten gehen die Erstellungsschritte nicht mit den Weiterverarbeitungsschritten konform, das heißt, dass in einem Entwicklungsprojekt der Beginn der Prototyperstellung möglicherweise nicht auf die Detaillierung der Zeichnungen warten kann. Extremere Beispiele finden sich innerhalb von Projekten, die direkt in die Produktion einfließen. So benötigen die Arbeitsvorbereitungs- und Produktionsbereiche die erstellten Zeichnungen in bestimmten Reihenfolgen und zu vorgegebenen Terminen, um anschließend optimal arbeiten zu können. Handelt es sich beispielsweise um einen Auftrag zum Bau einer Sondermaschine, benötigt der Einkauf zum Bestellen kritischer Kaufteile entsprechende Unterlagen. Ebenso braucht die Produktion die zu fertigenden Baugruppen in einer bestimmten Reihenfolge, damit Synergieeffekte bei der Bearbeitung ausgeschöpft werden können. Solche Reihenfolgen laufen oft konträr zu den klassischen Fertigstellungsterminen der Zeichnungen. In diesen Fällen sollte der Projektplan nach dem Bedarf der Folge- und Schnittstellenbereiche aufgebaut werden. Auch wenn der Konstruktionsverlauf möglicherweise nicht mehr ganz flüssig ist, sollten die Baueinheiten konstruiert und per komplettem Zeichnungs- und Stücklistensatz den nachbearbeitenden Bereichen übergeben werden.

Setzt man bei diesen Überlegungen die Philosophie des internen Kunden-Lieferanten-Verhältnisses an, handelt es sich bei der zuletzt beschriebenen Variante der Projektplanung um eine kundengerechte Aufbereitung der Arbeit. Dies ist von einigen Konstruktionsmitarbeitern nur schwer einsehbar. Die kreative, konstruktive Tätigkeit wird auch heute noch von einigen Mitarbeitern als unantastbarer Bereich betrachtet. Dass es sich hier nur um ein einzelnes Glied einer langen Prozesskette handelt, muss noch akzeptiert werden. Die Konstruktion/Entwicklung sollte ihre Projekte so aufbauen, dass sie dem Gesamtprozess dienen und nicht nur dem eigenen Arbeitsfortschritt, denn nur dadurch wird man in die Lage versetzt, Projekte kundenbezogen zu steuern. Auch Projektbesprechungen mit den Schnittstellenpartnern sind mit dieser Art der Projektaufteilung besser möglich. Der Schnittstellenpartner kann die gemeinsam mit Ihnen verschobenen Termine, aus dem Ruder gelaufene Kosten und andere Unvorhersehbarkeiten diskutieren, da die Meilensteine in seinen Denkmustern aufgebaut sind. Sprechen Sie mit ihm aber über Konstruktionsfertigstellungstermine – im Sinne von Konzept, Entwurf und Detaillierung – kann er kein Gesprächspartner sein, da diese Art der Projektstruktur für ihn keine Kontrollpunkte bieten. Er denkt in Fertigungs- nicht in Konstruktionsabschnitten. Meine Empfehlung lautet daher, sich den Detaillierungseinheiten der Folgebereiche anzupassen.

9 Terminplanung von Konstruktionsprojekten

Wie immer ein Projekt aufgeteilt sein mag, wichtig ist, dass es überhaupt eine Aufteilung gibt. Wird Ihrem Mitarbeiter eine über mehrere Wochen laufende Konstruktionsaufgabe übergeben, diese dann aber nicht in Einzelschritte aufgeteilt, hat der Mitarbeiter kaum die Möglichkeit, Planabweichungen frühzeitig zu erkennen. Sehr langfristige Aufgaben eigenständig zu bearbeiten und vor allen Dingen zu steuern, kann nur von sehr hoch qualifizierten Mitarbeitern bewältigt werden. Durchschnittlich qualifizierte Leute sind ohne eine Etappenplanung nicht in der Lage, längerfristige Aufgaben zu übersehen. Das hat zur Folge, dass die Störgrößen der Grundauslastung angenommen und erledigt werden, die längerfristige Aufgabe aber immer wieder verschoben wird. Dass sie dann letztendlich aus dem Ruder läuft, wird erst fünf Minuten vor zwölf registriert. Ein Projekt ohne Teilaufgaben ist wie eine Tour de France ohne Etappen. Hätte die Tour de France keine Zwischenziele, würden sehr viele Fahrer wahrscheinlich schon nach fünf Kilometern aufgeben.

Bei der Aufteilung größerer Aufgaben in Etappen entsteht neben der Steuerbarkeit auch die Möglichkeit, Konstruktionstermine besser vorschätzen zu können. Dieses Thema ist in sehr vielen Unternehmen ein Reizthema. Insbesondere dort, wo Konstruktionsaufgaben und Projekte nicht vergleichbar sind, so dass Schätzungen für die neu anstehenden Projekte nicht von vergangenen Projekten abgeleitet werden können. Hierfür ist es wichtig, dass Etappenziele in zwei Gruppen aufgeteilt werden (Abb. 20):

1. Kreative Arbeiten
2. Administrative Arbeiten

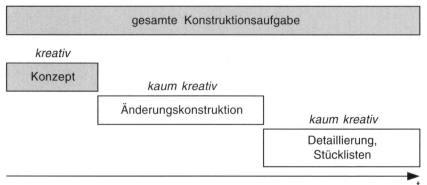

Abbildung 20: Die Aufteilung der Konstruktionsaufgaben in kreative und nicht-kreative bzw. nicht-planbare und planbare Zeiteinheiten

9 Terminplanung von Konstruktionsprojekten

Ein Konstruktionsprojekt hat zu Beginn oft einen sehr hohen kreativen Anteil. Dieser wiederholt sich möglicherweise während der Abarbeitung an verschiedenen Stellen in kürzerer Form. Alle anderen Tätigkeiten, wie beispielsweise die Änderung vorhandener Baugruppen, das Erstellen der Stückliste, die Detaillierung von Einzelteilzeichnungen sind quasi-administrative Tätigkeiten, die bezüglich ihres Zeitbedarfs recht genau abgeschätzt werden können. Der Anteil der quasi-administrativen Tätigkeit innerhalb eines größeren Konstruktionsauftrages nimmt in der Regel zwei Drittel der Zeit in Anspruch. Der Rest beinhaltet den schwer im Voraus einschätzbaren kreativen Teil. Beschränkt man sich bei der Terminunsicherheit also auf den kreativen Bereich, kann man die Vorplanung der Konstruktionsdauer wesentlich sicherer abgeben. Belässt man aber die kreativen Arbeitsanteile in Mischung mit den administrativen, ist eine Bearbeitungszeitvorschätzung fast unmöglich, es sei denn, man hat, wie oben schon beschrieben, sehr vergleichbare Projekte aus der Vergangenheit zur Verfügung.

Ich empfehle Ihnen, die Aufgabenteilung und Terminierung der Projekte nicht ausschließlich aus „konstruktionsegoistischen" Beweggründen heraus aufzubauen. Prämissen für die Strukturierung von Projekten sollten die Belange der Projektbudgetierung, Terminvorplanung und Planbarkeit der Schnittstellenbereiche und insbesondere der Beschaffungstermine sein. Selbstverständlich gehört dazu auch die Planbarkeit Ihrer eigenen Ressourcen. Wir reden also nicht nur über eine Optimierung der Abläufe in der Konstruktion und Entwicklung, sondern auch über die Schnittstellenfähigkeit gegenüber anderen Abteilungen, Lieferanten, Kunden und sonstigen Ansprechpartnern. Letzteres empfinden einige Konstruktionsmitarbeiter immer noch als ehrenrührig, da sie als „Gurus der Kreativität" glauben, so etwas nicht nötig zu haben.

10 Aufgaben des Projektleiters

Nun möchte ich zu den konkreten Aufgaben eines Auftragsführers oder Projektleiters kommen (Abb. 21).

Zuerst benötigt er Talent zur Organisation und Planung. Er kann bei der Festlegung der Projektorganisation und der entsprechenden Regeln mitwirken und sollte mit entscheiden wie ein Projekt aufgebaut, die Verantwortung verteilt und in welche Detailschritte es unterteilt werden soll. Dadurch wird ihm die Möglichkeit gegeben, sich in der Arbeit wiederzufinden. Selbstverständlich obliegen dem Mitarbeiter die Durchführung der Feinplanung inklusive der Verplanung der Mitarbeiter und der Festlegung von Aufwänden und Terminen. Kann er das noch nicht eigenständig, sollten Sie ihm dabei Hilfestellung leisten. Vorgekaute Vorgaben durch Sie, die er nur noch zu schlucken hat, sind allerdings von Nachteil. Neben den Terminen und Ressourcen sollte er auch die Kosten des Projektes und des Produktes vorplanen. Je vollständiger die Einbindung des Mitarbeiters in diese Thematik ist, umso mehr hat er die Möglichkeit, sich mit dem Projekt zu identifizieren. Da es sich hier um unternehmerische Denkweisen handelt, sind jedoch nicht alle Mitarbeiter dazu in der Lage, deshalb sollten Sie darauf achten, ob die intensive Einbindung in die Projektplanung eine Überforderung für den Mitarbeiter bedeutet. Ist das der Fall, führt das zum gegenteiligen Effekt. Dann können Sie den Mitarbeiter beteiligen, ihm aber dabei das Gefühl geben, dass Sie für die geplanten Werte die Verantwortung übernehmen. Handelt es sich jedoch um einen qualifizierten Mitarbeiter, würde diese Art des Vorgehens zur Demotivation führen, da sie einer Entmündigung gleich käme.

Der zweite Aufgabenbereich ist die fachliche Qualifikation. Der Auftragsführer sollte die Verantwortung für alle Aktivitäten bezüglich der fachlichen Inhalte des Projektes tragen. Angefangen von der Durchführbarkeitsprüfung, bis hin zur fachlichen Betreuung von zuarbeitenden Mitarbeitern. In der Praxis ist diese Aufgabenerfüllung unproblematisch, da die meisten Projektleiter aufgrund ihrer fachlichen Kompetenz ausgesucht werden. Was allerdings häufig ausgeblendet wird, ist die Verantwortung für die Einhaltung bestehender Richtlinien und Normen. Ob es sich um Kundenspezifikationen, allgemeine Qualitätsanforderungen oder Gesetzesvorschriften handelt, der Leiter eines Projektes ist für die Einhaltung verantwortlich. Er muss beurteilen, ob zum Beispiel eine Druckbehälterverordnung oder eine Unfallverhütungsvorschrift verletzt wird oder nicht. Besitzt er diese Kenntnis nicht, sollten Sie gemeinsam mit ihm überlegen, wo er dieses Wissen „ausleihen" kann.

10 Aufgaben des Projektleiters

1. Projektorganisation, -planung und -steuerung:
- Mitwirkung beim Einrichten einer Projektorganisation und -planung und Steuerung des Projektes entsprechend der vereinbarten Regelung.
- Erarbeitung eines Planes für den Mitarbeitereinsatz und Festlegung von Aufwänden und Terminen gemeinsam mit dem Team.
- Ermittlung der Kosten für Projektplanung und -durchführung.

2. Fachliche Verantwortung für Aufgabenumsetzung:
- Verantwortung für alle Aktivitäten von der Projektauftragsprüfung bis zur Übergabe an die zuständigen Teams zur weiteren Betreuung.
- Verantwortung für die Einhaltung aller geltenden Richtlinien und Normen.
- Wahrnehmung der Qualitätssicherungsfunktion und Etablierung von Qualitätssicherungsprozessen im Team.

3. Koordinierung und Information:
- Koordination aller im Zuge der Projektabwicklung anfallenden Aufgaben.
- Informieren der Teammitglieder über alle das Projekt betreffenden Umstände, des Lenkungskreises und des Managements über alle Projektergebnisse, den Projektverlauf, drohende Termin- und Kostenüberschreitungen und sonstige Probleme.
- Rechtzeitige Integration bzw. Beteiligung der vom Projektfortschritt betroffenen Unternehmensbereiche bzw. Abteilungen und ihrer Mitarbeiter.

4. Wirtschaftlichkeitsüberlegungen:
- Anforderungen der Wirtschaftlichkeitsberechnungen und Bereitstellung der relevanten Daten.
- Permanenter Vergleich der Soll-Werte mit den Ist-Werten und Analyse der Abweichungen.

5. Führungsaufgaben:
- Mitspracherecht bei Abwesenheitsplanung der Teammitglieder
- Übertragung von Aufgaben und Verantwortung unter Berücksichtigung der individuellen Fähigkeiten der Mitarbeiter.
- Vorschläge für Aus- und Weiterbildung der Mitarbeiter, soweit sie der Erreichung des Projektzieles förderlich sind.
- Motivation der Mitarbeiter, Konfliktlösung und ausgewogene Arbeitsverteilung.

Abbildung 21: Aufgaben des Projektleiters

Möglicherweise gibt es einen Experten in Ihrem Hause oder auch externe Fachkräfte, die angezapft werden können. Ungeachtet dessen, wo das Wissen über Vorschriften vorliegt, obliegt es Ihrem Mitarbeiter, dieses zu aktivieren. Auch die Einhaltung von Prüfungen und Qualitätskontrollschritten muss durch Ihren Mitarbeiter initiiert werden. Hierbei gilt das Gleiche wie oben: der Mitarbeiter muss nicht alles wissen, sollte aber die Wissenden aktivieren. Bei den fachlichen Aufgaben handelt es sich also nicht nur um Maschinentechnik und Fertigungsverfahren, sondern um die ganzheitliche Ausführung des Projektes.

Der dritte Aufgabenbereich sind die Koordination und Information. Dieser ist neben dem Fachwissen einer der wichtigsten Aufgabenbereiche. Wie oben schon mehrfach beschrieben, lebt ein Projekt vom optimalen Informationsmanagement. Ihr Mitarbeiter sollte die Aufgabe wahrnehmen, alle im Zuge der Projektabwicklung anfallenden Jobs zu koordinieren. Die Teammitglieder und alle umliegenden Beteiligten wollen informiert werden. Ebenso das Management, der Lenkungskreis, und Sie als sein Chef. Das betrifft sowohl Projektergebnisse und Zwischenergebnisse als auch drohende Termin- und Kostenüberschreitungen und sonstige Probleme. Ein weiterer wichtiger Punkt ist die präventive Information der Beteiligten. Benötigt Ihr Mitarbeiter zur Abwicklung eines Projektes abteilungsfremde Ressourcen, sollte er es als seine Aufgabe ansehen, diese Kräfte früher als einen Tag vor dem benötigten Termin zu informieren. Nur durch eine rechtzeitige Planung sind Außenstehende in der Lage, Ihrem Mitarbeiter die benötigten Ressourcen zeitgerecht zu leihen. Sieht Ihr Auftragsführer nur seine fachliche Aufgabe und nicht die Notwendigkeit der Informationspolitik, müssen Sie das für ihn erledigen. In solchen Fällen kann man nicht mehr von einem Auftragsführer oder Projektleiter reden, sondern nur von einem Mitarbeiter im Liniengeschäft. Hier empfehle ich Ihnen, besonders auf die Annahme der informationspolitischen Aufgaben durch Ihren Mitarbeiter zu achten.

Auch die Kontrolle der Wirtschaftlichkeit des Projektes ist Aufgabe des Auftragsführers. Wirtschaftlichkeitsberechnungen und die Bereitstellung relevanter Daten für Dritte, zum Beispiel für die Controlling-Abteilung, gehören zu den Grundaufgaben eines Auftragsführers. Die Zeiten, in denen Konstruktionsaufgaben nach rein technischen Gesichtspunkten abgehandelt wurden, sind lange vorbei. Oft scheitert die Wahrnehmung der Wirtschaftlichkeitskontrolle an der Verfügbarkeit der Kalkulationsdaten. In einem solchen Fall kann man möglicherweise mit Daten ähnlicher Projekte oder Schätzungen arbeiten. In jedem Falle sollte dem Mitarbeiter aber eine entsprechende Verantwortung übergeben werden. Dazu gehört auch ein kontinuierlicher Soll-Ist-Vergleich zur Abschätzung der Kostenabweichungen im Projekt.

Handelt es sich um größere Konstruktionsaufgaben, wachsen dem Auftragsführer auch noch Führungstätigkeiten zu. Er sollte ein Mitspracherecht bei der Abwesenheitsplanung der ihm zugeteilten Teammitglieder haben. Ferner sollte er während der Projektbearbeitung die fachliche Verantwortung für die Mitarbeiter besitzen. Das kann soweit gehen, dass er Qualifizierungsmaßnahmen der Teammitglieder initiieren und gemeinsam mit dem disziplinarischen Vorgesetzten Mitarbeiterbefähigungspläne durchführen muss. Darüber hinaus sollte er sich für die Motivation des Projektteams verantwortlich fühlen. Nimmt er diese Aufgaben nicht an, sind Sie wieder gefragt. Bei der Führung des Projektteams entstehen höchste Ansprüche an Ihren Projektleiter. Handelt es sich um einen recht unerfahrenen Mitarbeiter, sind die Führungsaufgaben im Projekt die schwierigsten Hürden für ihn. Oft weigern sich die Konstruktionsmitarbeiter, projektbezogene Verantwortung für die Motivation Ihrer Kollegen zu übernehmen. Diese Weigerung entsteht aus der Angst heraus, etwas falsch zu machen und nach Beendigung des Projektes als „Kameradenschwein" dazustehen. Andererseits kann es auch Personen geben, die in einem Projekt endlich einmal ihre Führungsfähigkeit beweisen wollen. Im schlimmsten Fall benutzt ein Aufgabenführer die temporäre Zuordnung von Mitarbeitern dazu, sich zu profilieren und den Kollegen zu zeigen, was er kann. Dadurch besteht die Gefahr, dass er sich gegenüber der Gruppe isoliert und nach Beendigung des Projektes nicht mehr in der Lage ist, als Kollege in anderen Projekten mitzuarbeiten. Hier bedarf es Ihrerseits sehr viel Fingerspitzengefühls. Sowohl die Projektleiter, die temporär Mitarbeiterverantwortung übernehmen, als auch das Projektteam müssen sich daran gewöhnen, dass Sie jeweils vorübergehend einmal Projektführungskraft und einmal Projektmitarbeiter sind. Um diese Flexibilität zu erreichen, ist ein offener, kooperativer Führungsstil erforderlich. Die durch das Projektmanagement wechselnden Über- und Unterordnungen der Mitarbeiter müssen mit allen Beteiligten gemeinsam besprochen werden. Nur wenn allen bewusst ist, aus welchen Gründen bestimmte Mitarbeiter zu Projektleitern gemacht werden, empfinden sie Ihre Entscheidungen nicht als Bevorzugung oder Benachteiligung. Mitarbeiter, die heute Projektleiter und morgen Projektmitglieder sind, werden einem Wechselbad der Gefühle ausgesetzt. In sehr vielen Unternehmen, in denen in den letzten Jahren Hierarchien abgebaut wurden, benutzen Mitarbeiter die Projektstrukturen, um Statusgewinne zu erlangen. Projektleiter zu werden ist etwas, mit dem man sich brüsten kann. Die Chance, in der Linie Kariere zu machen, wird bei flachen Hierarchien immer geringer, deshalb sucht sich der Mitarbeiter andere Bestätigungsfelder. Ist er aber heute Projektleiter und morgen Projektmitarbeiter, führt das zur totalen Irritation. Es sei denn, dass Sie als Führungskraft in der Lage sind, diese Thematik klar zu besprechen und den Statusgewinn durch die Ernennung zum Projektleiter zu beschränken.

In der Praxis ist der Wechsel eines Mitarbeiters vom Auftragsführer und wieder zurück zum Projektteammitglied eher selten. In der Regel haben Sie nicht die uneingeschränkte Auswahl an fähigen Mitarbeitern, die sich zum Projektleiter eignen. Hinzu kommt, dass sich die Mitarbeiter durch die erfolgreiche Wahrnehmung des Projektleiterjobs entwickeln und dadurch weitere Fähigkeiten aufbauen. Ein einmal zum Projektleiter ernannter Mitarbeiter prädestiniert sich durch seine Erfahrungen im Projekt immer wieder neu für die Leitung der nächsten größeren Aufgabe. Somit etablieren Sie eine Quasi – Hierarchie. In einem solchen Fall ist es nicht erforderlich, Rückstufungen vom Projektleiter zum Projektteammitglied zu bewältigen. Wer einmal Projektleiter war, wird wieder Projektleiter.

Wie wir sehen, ist die Aufgabenstruktur eines Aufgabenführers recht vielfältig, so dass man gewillt ist, ihn als „eierlegende Wollmilchsau" zu bezeichnen. Mitarbeiter, die von vornherein das nötige Auftragsspektrum abdecken können, sind manchmal nicht vorhanden, deshalb entsteht daraus, wie in den vorherigen Kapiteln schon dargestellt, Ihre Aufgabe zur Mitarbeiterentwicklung.

11 Steuerung von Projekten

Nach der Etablierung eines Projektes, der Benennung des Projektleiters und seines Teams und der Feinplanung, will ein Projekt während der Durchführung konsequent gesteuert werden. Hierfür muss sich der Projektleiter selbst verantwortlich machen. Um Ihnen die Möglichkeiten zur Projektsteuerung näher zu bringen, habe ich im Folgenden einige Überlegungen dazu aufskizziert (Abb. 22).

Es existieren vier Grundtypen der Steuerungsmöglichkeit:
1. Leistungsreduzierung
2. Aufwandsreduzierung
3. Kapazitätsvergrößerung
4. Produktivitätserhöhung

Mit der Leistungsreduzierung sind Maßnahmen gemeint, die das ursprüngliche Pflichtenheft des Projektes bezüglich der technischen Ausführung einschränken. Dies ist eine Überlegung, die im deutschen Ingenieurwesen nicht vorkommt. Technische Perfektion ist bei uns immer noch in Fleisch und Blut. Stellt Ihr Projektleiter jedoch fest, dass die bearbeitete Aufgabe terminlich oder kostenmäßig aus dem Ruder läuft, hat er die Möglichkeit, die geforderte Qualität einzuschränken. Möglicherweise ist die Standzeit oder Dauerfestigkeit des zu entwickelnden Produktes zu perfekt ausgelegt. Vielleicht sind Terminkürzungen oder Kostensenkungen zu realisieren, wenn die Standzeit des Produktes nicht 100 %, sondern nur 80 % beträgt. Im Regelfall ist der Auftraggeber, also der Kunde oder Ihr Produktmanagement, mit einer 80%igen Lösung, die dann aber das Kosten- und Zeitziel erfüllt, zufrieden. Häufig wird die technische Qualität von Ihren eigenen Leuten, nicht aber vom Kunden gefordert. Auch die Reduzierung der Leistung ist eine Möglichkeit zur Projektsteuerung. Die Geschwindigkeit, der von Ihnen zu entwickelnden Bearbeitungsmaschine, ist vielleicht rekordverdächtig, möglicherweise aber keine Forderung des Marktes. Besser zu sein, als der Wettbewerb oder den Kundenwunsch leicht zu übertreffen, reicht aus. Es muss nicht immer eine Leistung sein, die es wert wäre, im nächsten Wissenschaftsmagazin erwähnt zu werden. Auch eine Versionenbildung für vorläufige Leistungsreduzierungen sind Steuerungsmaßnahmen. Vielleicht ist Ihr Kunde mit einer vorübergehend geringeren Leistung zufrieden, da seine Produktionsanlaufkurve auch nicht von Null auf Hundert geplant ist. Spart das Projekt durch eine vorläufige Leistungsreduzierung Geld oder besteht die Möglichkeit, einen kritischen Termin doch noch zu halten, lassen Auftraggeber über vorläufige Leistungsreduzierungen gerne mit sich reden.

1. Maßnahmen der Leistungsreduzierung

- Einschränkung der geforderten Qualität
- Leistungsreduzierung
- Versionenbildung mit vorläufiger Leistungsreduzierung
- Prioritätenänderung der Leistungsmerkmale
- Ablehnung von Änderungswünschen

2. Maßnahmen zur Aufwandsreduzierung

- Suche nach technischen Alternativen
- Zukauf von Teilprodukten
- Alternative Lieferanten
- Einsatz anderer Werkzeuge

3. Maßnahmen zur Kapazitätsvergrößerung

- Einstellung zusätzlicher Mitarbeiter
- Nutzung externer Kapazitäten
- Überstunden
- Abbau anderer Belastungen der Projektmitarbeiter

4. Maßnahmen zur Produktivitätserhöhung

- Aus- und Weiterbildung der Mitarbeiter
- Austausch von Mitarbeitern
- Verbesserung der Kommunikation
- Erhöhung der Motivation
- Projektteam räumlich zusammenfassen

Abbildung 22: Steuerungsmöglichkeiten bei Abweichungen des Projektes

Auch die Prioritäten bestimmter Leistungsmerkmale können in Frage gestellt werden. Geschwindigkeit, Dauerhaltbarkeit und Präzision sind niemals gleichberechtigte Forderungen. Oft kann man mit einer bereits in der Konstruktion vorhandenen Baugruppe eines von mehreren Leistungszielen erreichen, ohne dass dadurch der Gesamtkundenwunsch in Frage gestellt wird. Sind Sie in Zeitdruck, sollte Ihr Projektleiter die vorhandene Baugruppe einsetzen, auch wenn dadurch die Priorität der Leistungsmerkmale geändert wird. Alle diese Punkte sind selbstverständlich mit den externen oder unternehmensinternen Auftraggebern abzustimmen.

Ein weiteres wichtiges Thema zur Steuerung von Projekten ist die Eingrenzung von Änderungswünschen. Insbesondere Entwicklungsaufträge haben eine magnetische Anziehungskraft auf Änderungswünsche. „Dieses Produkt wird doch gerade überarbeitet, dann können doch noch die Punkte 1, 2, 3 und 4 einfließen". Solche Sätze sind für Projektleiter an der Tagesordnung. Änderungswünsche haben in der Regel die Eigenart, alle technischen Anforderungen, niemals aber den Termin und das Budget in Frage zu stellen. Nimmt ein Projektleiter Änderungswünsche – von wem auch immer – an, ohne die terminlichen und kostenmäßigen Folgen transparent zu machen, betrügt er sich und das Unternehmen. Änderungswünsche müssen von Ihren Mitarbeitern auf ihre Folgen hin untersucht und gegebenenfalls abgelehnt werden, andernfalls sind Enttäuschungen im Projekt garantiert.

Das zweite wichtige Feld der Projektsteuerung ist die Aufwandsreduzierung. Noch während der Projektbearbeitung kann zur Kompensation von Unvorhersehbarkeiten nach technischen Alternativen gesucht werden. Allerdings ist das umso schwieriger, je weiter das Projekt vorangeschritten ist. Vielleicht hat Ihr Projektleiter auch die Möglichkeit, komplette Teilprodukte oder Baugruppen entgegen der ursprünglichen Planung zuzukaufen. Dadurch reduziert sich der Aufwand für sein internes Projektteam. Ob es sich hier um eine Termin- oder Kostenoptimierung handelt, hängt von den jeweiligen Umständen ab. Auch ein Lieferantenwechsel kann zu einer Aufwandsreduzierung führen. Finden Sie beispielsweise einen Lieferanten, der im Gegensatz zu dem ursprünglich festgelegten eine eigene Engineering Abteilung hat, fallen für Ihr Haus die Konstruktionsaufgaben weg. Dies alles sollen Spielmöglichkeiten Ihres Projektleiters sein, die er ständig als mögliche Reaktionen auf Projektabweichungen abwägt. Ein weiteres wichtiges Feld zur Aufwandsreduzierung von Projekten ist die Wahl der eingesetzten Hilfsmittel. Auch in Zeiten perfekter Dokumentationen steht einem Projektleiter in der Konstruktion die zeichnungslose Produktion zur Verfügung. Unter hohem Termindruck ist es durchaus legitim, bekannte Baugruppen von einer Musterbau-, Prototyp- oder Produktionsabteilung erstellen zu lassen, ohne DIN-gerechte Zeichnungen und Stücklisten vorzugeben. Handschriftlich erstellte oder geänderte Zeichnungen können von qualifizierten Facharbeitern als Vorlage zur Erstellung dieser Einheiten benutzt werden. Selbstverständlich muss als Projektnachsorge die nachträgliche qualitätsgerechte Dokumentation dieser Teileinheiten initiiert werden. In diesem Falle wird lediglich die Reihenfolge der Abarbeitungsschritte geändert. Die Schwierigkeit eines solchen Schrittes liegt in der Disziplin, im Nachgang die Dokumentation auch wirklich vorzunehmen. Wird das unterlassen, geraten Sie möglicherweise in einen Konflikt mit Qualitätsanforderungen. Wichtig ist bei diesen Überlegungen, dass Ihr Mitarbeiter in der Lage ist, festgefahrene Prozeduren für sein Projekt in Frage zu stellen. Darüber hinaus bedarf es seiner Beurteilungsgabe, ob er mit dieser Infragestellung eventuell mit

Qualitäts- oder gar Gesetzesvorschriften in Konflikt gerät. Es darf nicht um jeden Preis Zeit gespart werden.

Die Möglichkeit der Kapazitätsvergrößerung zur Projektsteuerung sollte auch Ihren Mitarbeitern zur Verfügung stehen. Für längerfristige Projekte ist es üblich, Mitarbeiter neu einzustellen. Ob es sich hierbei um befristete oder Dauerarbeitsverhältnisse handelt, hängt von Ihrer Personalpolitik im Allgemeinen ab. Auch Einarbeitungszeiten müssen hierbei berücksichtigt werden. Das häufigste Mittel zur Kapazitätserhöhung ist nach wie vor die Überstunde. Ist Ihr Projektleiter vollständig für die Durchführung der Aufgabe verantwortlich, obliegt es auch ihm, Überstunden seines Projektteams zu beantragen. Er sollte allerdings berücksichtigen, dass in der Konstruktion alles, was über neun Stunden täglicher und 50 Stunden wöchentlicher Arbeitszeit hinausgeht, meist nicht mehr effektiv ist. Insbesondere im kreativen Teil der Konstruktionsarbeit bedarf es für die Projektmitarbeiter wirkungsvoller Erholungspausen. Auch die Überstundenregelungen in den Betriebsvereinbarungen sollten Ihr Projektleiter, beziehungsweise Sie, berücksichtigen. Ein ebenfalls gängiges Mittel zur Kapazitätsvergrößerung im Projekt ist die Nutzung externer Ressourcen. Ingenieurbüros und Leihkräfte verursachen variable Kosten, die nach Beendigung des Projektes nicht mehr anfallen. Die diesbezüglichen Mehrkosten werden dem Projekt zugeschlagen und müssen anschließend nicht, so wie es bei festeingestellten eigenen Mitarbeitern der Fall ist, anderweitig verplant werden. Auch bei Ingenieurbüros und Leihkräften sind selbstverständlich Einarbeitungszeiten zu berücksichtigen. Ebenso muss Ihr Projektleiter seine eigene Kapazität zur Beauftragung und Kontrolle dieser externen Kräfte planen. Eine Leihkraft muss stärker betreut und kontrolliert werden als der erfahrene Kollege aus dem eigenen Hause. Diese Mehrarbeit fällt beim Projektleiter an. Die oben beschriebenen Kapazitätsvergrößerungsmaßnahmen führen in der Regel zur direkten Kostenerhöhung im Projekt. Eine zusätzliche Maßnahme, bei der das nicht der Fall ist, ist die Entlastung der Projektmitarbeiter von projektfremden Tätigkeiten. Häufig sind die Mitarbeiter, die ihrem Projektleiter zugeordnet werden, noch in anderen Linientätigkeiten oder weiteren Projekten involviert. Steht das vorliegende Projekt Ihres Mitarbeiters unter hohem Termindruck, muss er versuchen, andere Tätigkeiten seiner Zuarbeiter zu reduzieren. Da es sich häufig nur um vorübergehende Situationen handelt, sind die Auftraggeber der projektfremden Tätigkeiten meist bereit, das Projektteammitglied temporär von anderen Jobs zu entbinden. Auch hier noch einmal mein Hinweis, dass es sich bei den oben genannten Maßnahmen zur Projektsteuerung um eine Checkliste handelt, die Ihr Projektleiter ständig durchgehen muss. Nicht jede zitierte Maßnahme ist in jedem Projekt durchführbar. Was aber vorhanden sein muss, ist die Fantasie Ihres Projektleiters, sein Projekt mit Steuerungsmaßnahmen ins Ziel zu führen.

Als vierter Bereich dieses Themas sind Maßnahmen zur Produktivitätserhöhung zu nennen. Dem Projektleiter sollte es offen stehen, Mitarbeiter auch während der Projektdurchführung noch zu schulen. Stellt er fest, dass einer seiner Zuarbeiter in dem anzuwendenden CAD-System nicht ausgebildet ist und dadurch unproduktiv arbeitet, ist es seine Pflicht, Nachschulungen zu initiieren. Ob die hier anfallenden Kosten dem Projekt oder den Gemeinkosten zugeschrieben werden, ist zu verhandeln. Auch der Austausch von Mitarbeitern ist ein Mittel zur Produktivitätserhöhung. Wird beispielsweise ein Mitarbeiter, der sich mit der Thematik des Projektes auskennt, in einem anderen Projekt frei, sollte es dem Projektleiter freistehen, ihn gegen einen weniger erfahrenen Mitarbeiter auszuwechseln. Darüber hinaus wird die Produktivität in der Projektarbeit auch durch die räumliche Anordnung der Arbeitsplätze der Projektbeteiligten beeinflusst. Leiter größerer Projekte sollten die Möglichkeit wahrnehmen, Ihr Projektteam räumlich zusammenzufassen. Das gilt natürlich nur für Teammitglieder, die zu 100 % ihrer Kapazität diesem Projekt zugeordnet sind. Würden die Teammitglieder noch an anderen Projekten arbeiten, müssten sie ständig ihren Arbeitsplatz wechseln. Die durch die räumliche Zusammenlegung entstehenden Vorteile habe ich in den vorrangegangenen Kapiteln schon beschrieben.

Nun möchte ich auf produktivitätssteigernde Maßnahmen zu sprechen kommen, die die Führungsfähigkeit Ihres Mitarbeiters benötigen. Die Verbesserung der Kommunikation innerhalb des Projektes sowie die Erhöhung der Motivation der Beteiligten ist eine herausragende Maßnahme zur Effizienzsteigerung der Projektarbeit. Begeisterte und kommunikative Projektmitarbeiter sind um ein Vielfaches effektiver als pflichterfüllende Abarbeiter. Um diese Reserven zu wecken, muss der Projektleiter selbst sehr viel Führungstalent besitzen. Woraus sich dieses zusammensetzt, habe ich in den ersten Kapiteln ausreichend beschrieben.

12 Sie als Coach sind im Projektmanagement besonders wichtig

Nimmt Ihr Mitarbeiter, den Sie zum Projektleiter ernannt haben, diese Steuerungswerkzeuge nicht wahr, verbleibt diese Tätigkeit bei Ihnen. Ihre Masterprojektleiterrolle weitet sich dann auf die Detailsteuerung jedes einzelnen Projektes aus. Die Aufgabenverteilung zwischen Ihnen und Ihren Projektleitern sollte offen kommuniziert werden, damit es hier keine Grauzonen gibt. Verlässt sich der Projektleiter auf Ihre Steuerung, nimmt er sie selber nicht wahr. Ist Ihnen wiederum die Aufgabendelegation nach oben nicht bewusst, kommt das Projekt mit an Sicherheit grenzender Wahrscheinlichkeit nicht ins Ziel, das heißt, Kosten werden überschritten, Termine nicht eingehalten und technische Anforderungen missachtet.

Oben habe ich bereits angesprochen, dass der Konstruktionsleiter seine Führungsrolle als Abteilungschef neben der Masterprojektleiterrolle und der Leitung eigener Projekte beibehält. Darüber hinaus kommen noch zusätzliche Anforderungen auf Sie zu. Führen Sie die Aufgabenabarbeitung als Projekte, ist der Anspruch an Sie als Coach insbesondere gegenüber den Projektleitern besonders hoch. Die Mitarbeiter sind besonderen Anforderungen ausgesetzt und bedürfen deswegen Ihrer intensiven Betreuung. Auch das Verhalten und der Stand Ihrer Abteilung gegenüber den Nachbar- und Schnittstellenbereichen will im Projektmanagement besonders gepflegt werden. Die Schnittstellenpartner sollten über die Aufgaben und Kompetenzen ihrer Projektleiter Bescheid wissen, damit der Kommunikationsprozess, der durch den Projektleiter oder Projektmitarbeiter angestoßen wird, richtig eingeordnet wird. Es muss deutlich werden, dass es sich nicht um eine Anmaßung Ihrer Mitarbeiter handelt, sondern um ein von Ihnen verordnetes Verfahren; andernfalls stehen Ihre Mitarbeiter unter dem Druck, ihre Vorgehensweise ständig rechtfertigen zu müssen. Sind die Schnittstellenbereiche Dienstleister des Projektes, sollten Sie mit deren Führungskräften Rahmenbedingungen vereinbaren, unter denen Ihre Projektleiter arbeiten können. Lassen Sie das offen, wird sowohl bei den Mitarbeitern des Nachbarbereiches als auch bei Ihrem Projektleiter Unsicherheit gesät. Alle Beteiligten wissen nicht, woran sie sind, weil die Machtverhältnisse zwischen den Führungskräften der Schnittstellenbereiche und ihren Projektleitern nicht klar sind. Kurz gesagt handelt es sich bei der Wahrnehmung dieser Rolle um die Außenpolitik Ihrer Abteilung. Regeln zur Zusammenarbeit im Projekt müssen von allen Beteiligten getragen werden.

12 Sie als Coach sind im Projektmanagement besonders wichtig

Projekte zu führen ist also eine anspruchsvolle Aufgabe, die Ihre volle Aufmerksamkeit erfordert. Insbesondere dann, wenn die Projektleitung nicht von Ihnen selbst, sondern vollständig von Ihren Mitarbeitern wahrgenommen werden soll.

VII

Teams waren einmal in Mode: Wann lohnt sich die Teambildung?

1 Was ist ein Team?

Vielleicht haben Sie das Gefühl bekommen, dass ich bezüglich der Führung von Konstruktionsabteilungen modernen Trends folge. Das will ich in diesem Kapitel widerlegen. Es ist nach wie vor modern, Aufgaben im Team abzuwickeln. Leider dient dies aber oft als Selbstzweck, um des Teams willen. Nur in sehr begrenzten Fällen ist es tatsächlich effektiv, im Team beziehungsweise in der Gruppe zu arbeiten. Bevor wir diese Fälle besprechen, möchte ich das Wort Team zunächst kurz definieren. Wenn Sie eine Besprechung zu einem bestimmten Thema zusammengerufen haben, ist das noch kein Team. Sie bitten Einzelgänger mit persönlichen Interessen zu einem gemeinsamen Gespräch – mehr nicht. In einem echten Team stellt jeder das gemeinsame Ziel über sein eigenes. Jeder hat den Wunsch, das Gemeinsame zu erreichen und möchte seinen Teil – seine Leistung und sein Wissen – dazu beitragen. Das hat zur Folge, dass er nur dann einen Redebeitrag zum Thema leistet, wenn es angebracht ist. Er folgt nicht seinem persönlichen Rededrang. Im vermeintlichem Team ist das anders. Dort redet jeder aus seinem Rededrang heraus, der unterschiedlich motiviert sein kann. Manchmal wollen sich Mitarbeiter nur durch ihren Beitrag produzieren oder wichtig machen. In anderen Fällen gilt es, ungeachtet des gemeinsamen Ziels, die eigenen Interessen oder die der eigenen Abteilung unbedingt durchzusetzen. Das Reden wird aber auch zum Kaschieren der eigenen Unsicherheit benutzt. Ist ein Besprechungsteilnehmer in einem Meeting nur kurz oder gar nicht zum Zuge gekommen, entsteht bei ihm ein Gefühl von Unwichtigkeit und Unsicherheit. Um dieses Gefühl gar nicht erst aufflackern zu lassen, fängt er schon mal recht früh an zu sprechen, obwohl er noch gar nichts zu sagen hat. Diese oder andere Gründe sind Motive für unkontrollierte Beiträge in Meetings. Es ist für den Einzelnen dann zwar eine Erleichterung und eine Drangbefriedigung, trägt aber sehr häufig nicht zum gemeinsamen Ziel bei. Das Team wird zu einem Austragungsort für Egoismen.

Den Beruf des Beraters übe ich nun seit 1991 aus und habe in dieser Zeit Hunderte von Besprechungen erlebt. Höchstens 10 % davon waren echte Teamsitzungen. Hierzu ein positives Beispiel aus einem bei uns in Bielefeld ansässigen Unternehmen:

Beispiel:
Eine interdisziplinäre Gruppe hat die Aufgabe, ein Produkt wertanalytisch zu bearbeiten. Hierzu sind Vertreter der Abteilungen Konstruktion, Arbeitsvorbe-

reitung, Vertrieb, Fertigung und Kalkulation zusammengekommen. Das erste Meeting wird einberufen. Man tauscht die üblichen Freundlichkeiten aus, definiert das Ziel des Meetings und macht sich gegenseitig klar – in verdeckter Form versteht sich – dass die eigene Abteilung hier eigentlich gar nichts verloren hat, da eine Produktverbilligung nur in den anderen Abteilungen stattfinden kann. Man ist trotzdem hier, da die Wertanalyse von der Geschäftsleitung verordnet wurde. Anschließend wird das Produkt sachlich auf seine Funktion und Kostenverteilungen hin untersucht. Da Kostensenkungspotentiale oft als Fehler der Vergangenheit missverstanden werden, stellt man nebenbei immer wieder klar, dass man selbst keinerlei Fehler oder Versäumnisse zu verschulden hat. Trotzdem ist man bereit, die eine oder andere Information abzugeben. Während dieser recht chaotischen Besprechung bemerkt einer der Teilnehmer, dass er in den letzten Minuten nichts mehr gesagt hat. Also sagt er etwas, egal ob es jetzt zum Thema gehört oder nicht. Für ihn ist nur wichtig, wie er es sagt, so dass es die Zuhörer oder die, die es zu sein scheinen, für wichtig halten. Zwischendurch bestätigt jemand, wie wichtig doch die Dinge sind, die er durch dieses Meeting gerade verpasst. Ein anderer denkt schon seit Minuten an etwas Privates.

Diese und ähnliche Situationen sind typisch für Meetings von Quasi-Teams. Erst wenn die Dauer und Häufigkeit der Meetings mit gleicher Teilnehmerzusammensetzung eine gewisse Größe überschreiten, tritt die Gruppe aus der oben beschriebenen Orientierungs- und Abtastphase heraus (siehe Abb. 23). Es folgt die gemeinsame Konfliktphase. In dem beschriebenen Beispiel fangen die Mitarbeiter an, sich über die allgemeine Produktpolitik des Hauses zu streiten, also ein Thema, das eigentlich nicht in die Wertanalyse hineingehört. Die Teilnehmer suchen sich, ohne es selbst zu merken, irgendein Thema, über das sie sich streiten können. Meistens ist es eins, das recht unverbindlich ist. Die Gesprächspartner beharren auf ihrer Meinung, bilden Cliquen und Fraktionen und üben teilweise die offene Konfrontation. Was der Moderator jetzt tut, ist lebenswichtig. Er darf auf keinen Fall den Konflikt aus einem möglicherweise vorhandenen Harmoniebedürfnis heraus dämpfen oder glätten. Er sollte ihn sogar fördern, so dass er schnell durchlebt werden kann. Wichtig dabei ist, dass die Teilnehmer sich verbal nicht ernsthaft verletzen. Sie müssen sich anschließend noch in die Augen sehen und das gemeinsame Ziel verfolgen können. Ohne dass der Moderator darauf hingewirkt hat, kommt plötzlich der Punkt, an dem die Teilnehmer bemerken, was geschieht. Von da an werden die Konflikte abgebaut. Es kehren neue Umgangsformen und Verhaltensweisen ein. Das Team orientiert sich neu. Hier unterstützt der Moderator, indem er die noch verbleibenden Meinungsverschiedenheiten auf die wirklichen Fachthemen konzentriert und das Wir-Gefühl durch das gemeinsame Ziel fördert. Diese Phase des Teams ist in der Regel sehr kurz oder gar nicht als eine einzelne Phase wahrnehmbar. Anschließend wird kooperativ und ideenreich diskutiert und gearbeitet.

> **Beispiel (Fortsetzung):**
>
> In unserem Beispiel der Wertanalyse war dieser Punkt durch den Begeisterungsausbruch des Mitarbeiters aus der Kalkulation zu erkennen. Plötzlich rief dieser Mann: „Der Schulterschluss ist da, der Schulterschluss ist da"! Wir standen alle gemeinsam um einen großen Tisch herum, auf dem Bauteilezeichnungen ausgebreitet waren. Als wir wirklich sachlich, kooperativ und in Richtung unserer Wertanalyse diskutierten, hatte der Kalkulator plötzlich ein Gefühl, das er noch nie empfunden hatte. Es war Gemeinsamkeit. Jeder wollte sein Bestes zum Gemeinsamen beitragen, ohne sich selbst zu produzieren. Allen lief ein Schauer über die Haut. Es war so, wie er sagte: Der Schulterschluss war da. Dieses Team, jetzt war das Wort auch berechtigt, traf sich noch einige Male, um die Wertanalyse abzuschließen. Das zu behandelnde Produkt konnte um 35 % der Herstellkosten verbilligt werden. Ohne den Schulterschluss wäre das nicht möglich gewesen.

2 Einflusskriterien auf den Erfolg eines Teams

Klare Zielvorgaben

Zuerst sollte das von dem Team verfolgte Ziel klar definiert werden. Es muss präzise formuliert und vor allem von allen akzeptiert sein. Gibt es Teilnehmer, die das Ziel eigentlich nicht erreichen wollen, weil sie es möglicherweise nicht akzeptieren, werden sie, bewusst oder unbewusst, nicht zur Zielerreichung beitragen. Sorgen Sie für Klarheit über die Meinungen der Teammitglieder bezüglich der zu erreichenden Ziele. Nur, wenn Sie wissen, dass ein oder mehrere Teammitglieder sich nicht mit den Zielen identifizieren, können Sie etwas dagegen tun. Sind Sie mit Ihrer Überzeugungsarbeit bei solchen Mitarbeitern nicht erfolgreich, sollten Sie diese lieber austauschen. Sind ein oder mehrere Personen aufgrund bestimmter Kenntnisse nicht austauschbar, sollte das Ziel von allen gemeinsam wieder in Frage gestellt werden. Eine unaustauschbare wichtige Person hat in der Regel eine für das Unternehmen maßgebliche Meinung. Ist diese nun konträr zum Teamziel, ist die Wahrscheinlichkeit, dass das Ziel nicht richtig durchdacht oder erklärt wurde, recht groß. Die Gruppe muss das Ziel so lange diskutieren und verändern, bis alle Mitglieder als Team gemeinsam dahinter stehen.

Gleichbleibende Teamzusammensetzung

Ein weiterer Faktor für den Erfolg eines Teams ist die gleichbleibende Zusammensetzung der Personen. Kann einer der Teammitglieder zum nächsten Termin nicht erscheinen, sollte er keinen Ersatzmann schicken, sondern einen neuen Termin festlegen. Es besteht aber auch die Möglichkeit, dass das Team einmal auf seine Anwesenheit verzichtet. Jede neue Person – so ähnlich die Fachkompetenz zu dem Vertretenen auch sein mag – müsste die Konfliktphase mit dem Team wieder neu durchlaufen. Ist dieser neue Mensch recht offen in seiner Persönlichkeit, geht das in der Regel etwas schneller als beim ersten Mal, verzögert aber dennoch das Fortkommen des Teams.

Den Teammitgliedern eine Rolle geben

Ein weiteres Mittel zur Beflügelung des Teamerfolges ist die Vergabe von Rollen. In dem oben beschriebenen Beispiel der Wertanalyse hatte zum Beispiel der Konstrukteur Schwierigkeiten mit der Übermittlung seines Fachwissens an vermeintlich Unwissende. Er, der technisch Allwissende, kann nur selten technische Ideen allgemeinverständlich erklären. Darüber hinaus fehlt ihm oft die Fähigkeit, die Hinterfragungen und Geistesblitze der Nichttechniker zu akzeptieren. Schließlich ist seine Ausbildung der Qualifikationsunterschied, aus dem heraus er einen Großteil seines Selbstwertgefühls zieht. Überträgt man nun einem solchen Konstrukteur die Rolle des informierenden Experten, hat er die Pflicht, die Nichtwissenden über die Gründe seiner konstruktiven Auslegung zu informieren. Das wertet ihn auf. Außerdem gibt man ihm dadurch die Möglichkeit, die Vorschläge seiner Kollegen anzunehmen. Hat er ihnen schließlich die Sachverhalte so erklärt, dass diese sie sogar verstanden haben, dürfen auch die Nichtwissenden Ideen haben. Ist seine Rolle öffentlich klar formuliert, fühlt er sich während der Teamsitzungen für die Erläuterung technischer Sachverhalte zuständig und greift diese Aufgabe bei Bedarf gerne auf.

Konflikte müssen ausgetragen werden

Der schon erwähnte Umgang mit Konflikten ist ebenso wichtig, wie die Rollenvergabe und die Zieldefinition. Konflikte müssen offen angesprochen und ausgetragen werden. Dabei ist es wichtig, dass der Moderator die Phase, in der sich das Team befindet, beachtet (Abb. 23). Für die direkt Beteiligten ist die Beobachtung und Steuerung von Konflikten unmöglich. Es ist erforderlich, dass ein Außenstehender den Streit erkennt und wertet, um anschließend die Bewältigung zu moderieren, so dass keine schwerwiegenden Verletzungen zurückbleiben. Den Konflikt zu umgehen oder ihn zu ignorieren, ist nicht möglich. Jede verdrängte Zwietracht wird irgendwann während der Teamzusammenkünfte wieder hochkommen. Die Beteiligten werden den jeweils Anderen immer missachten oder zumindest verstärkt auf Unstimmigkeiten seiner Aussagen achten. So oder so, es wird viel Energie für einen überflüssigen Kampf verbraucht. Voraussetzung für die erfolgreiche Konfliktmoderation ist die Trennung zwischen sachlichen und persönlichen Streitigkeiten. In der Regel werden persönliche Konflikte mit sachlichen Themen ausgetragen. Es ist nicht immer offensichtlich, welche tatsächlichen Gründe vorliegen. Wenn der Moderator die Standpunkte der Akteure transparent auf den Tisch bringt, wird sehr schnell klar, ob es sich um einen technisch begründeten oder um einen persönlichen Dissens mit vorgeschobenen sachlichen Gründen handelt. Die Regel heißt also: So lange in der Tiefe der Gründe bohren, bis die Meinungsunterschiede isoliert und thematisiert sind und offen daliegen.

Ansonsten sollte sich der Moderator zurückhalten, da eine zu streng direktiv geführte Besprechung für die Teamentstehung tödlich ist. Erst wenn die

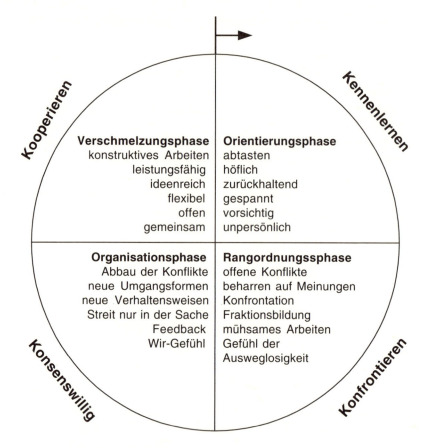

Abbildung 23: Die Teamphasen

Führung des Teams als gemeinsame Aufgabe erkannt wird, ist Teamfähigkeit möglich. Das Machtverhältnis in der Gruppe sollte ausgewogen und gleichmäßig verteilt sein. Eine einseitige, also auf eine oder wenige Personen verteilte Macht, kann die machtlosen Personen nicht zum Schulterschluss bringen.

Das Klima im Team

Nun noch einige Worte zum Klima oder zur Stimmung im Team. Ist die Stimmung trocken bis kalt, wird jeder seinen eigenen Weg gehen wollen, ohne den Kollegen gleich als Feind zu sehen. Auf die Beschreibung des optimalen Teamklimas passen Worte wie offen und freundschaftlich. Das heißt

2 Einflusskriterien auf den Erfolg eines Teams

nicht, dass jeder mit dem Anderen auf „Knutschkurs" gehen sollte oder gar einer den Clown spielen muss. Gemeint ist hier eine menschliche Atmosphäre der Zusammenarbeit. Wird diese Atmosphäre von einem gemeinsamen Ziel geprägt, welches Erfolgsdruck erzeugt, wird gewissenhaft, leistungsorientiert und mit Spaß gearbeitet. Wie kann man eine solche Atmosphäre aufbauen? Der Moderator hat dafür zu sorgen, dass sich die Mitglieder gegenseitig anerkennen. Wenn sich die Teilnehmer nicht gegenseitig achten, wird die Atmosphäre immer kühl bleiben. Die Achtung sollte auf der fachlichen und menschlichen Ebene stattfinden. Jemanden nur wegen seines Fachwissens zu akzeptieren, ihn aber als Menschen zu missachten, wird von der betreffenden Person gespürt und ebenfalls mit Missachtung beantwortet. Der Moderator kann die gegenseitige Anerkennung besonders durch das eigene Vormachen implementieren. Er sollte jede einzelne Person des Teams selbst hoch achten. Kann er das aus persönlichen Gründen bei dem einen oder anderen Teammitglied nicht, sollte er sich über seine Beziehung zu diesem Menschen klar werden und sie bereinigen. Erst wenn ihm seine schwierige Beziehung zu dem Mitarbeiter bewusst ist, kann er seine Achtung vor ihm aufbauen. Kann er die nötige offene Atmosphäre nicht mit tragen, ist es für das Team unmöglich, diese über ihn hinweg aufzubauen. Hat der Moderator seine Beziehungen zu den Teammitgliedern geklärt, ist er in der Lage, die unterschiedliche Akzeptanz der Teilnehmer untereinander zu erkennen und anzusprechen. Die Voraussetzungen für gegenseitige Achtung sind geschaffen. Die oben beschriebenen gemeinsamen Ziele sind ebenfalls ein Mittel, um ein gutes Teamklima zu erzeugen. Die Betonung liegt hier auf dem Wort gemeinsam. Mögliche Dissensen zwischen den Akteuren, die oft aus dem Tagesgeschäft mit ins Team gebracht werden, können sich unter Gemeinsamkeiten auflösen. Wichtig dabei ist, dass sich alle Teilnehmer mit dem Gemeinsamen identifizieren. Ist das nicht der Fall, bedeutet das für die konsenslosen Mitarbeiter den Ausschluss aus der Gruppe. Wer diese Zusammenhänge mit Fingerspitzengefühl handhabt, kann jede gewollte Teamatmosphäre hervorrufen.

3 Teams sollten Sie nur dann bilden, wenn Sie sie wirklich brauchen

Es wird deutlich, dass die Schaffung eines echten Teams nicht auf die Schnelle erledigt werden kann. Eine schnell zusammengerufene Besprechung wird nur dann zum Team, wenn genau diese Teilnehmerzusammensetzung, die in früherer Zeit schon die Konfliktphase und den Zielkonsens durchlebt hat, zusammenkommt. Alle anderen kurzfristig zusammengestellten Gruppen bleiben nur Besprechungen ohne Teamelemente. Teams aufzubauen kostet Zeit und Energie. Daher sollten sie nur aus wichtigen Gründen heraus initiiert werden.

Hierfür gibt es nur zwei Anlässe:
1. Eine kreative Lösung muss gefunden werden
2. Die Aufgabe ist interdisziplinär zu bearbeiten

Betrachtet man das Tätigkeitsspektrum einer Produktentwicklung und Konstruktion, so stellt man fest, dass ein großer Teil der Aufgaben nicht kreativ ist. Sehr viele Jobs beschäftigen sich mit Informationsaustausch, administrativer Unterlagenerstellung und der Komposition bereits konstruierter Baugruppen. Alles nicht kreative Tätigkeiten. Lediglich die Ideenfindung bei der Varianten- und Neukonstruktion ist kreativ. Hier lohnt es sich, wertanalytische Ansätze oder Brainstormings im Team durchzuführen. Handelt es sich um das nicht kreative Zusammensetzen von bestehenden Komponenten, ist eine Einzelperson um ein Vielfaches schneller als ein Team. Bedarf es zur Erledigung der Arbeit jedoch sehr vieler Informationen, die aus unterschiedlichen Disziplinen oder Abteilungen erfragt und zusammengesucht werden müssen, ist die Einzelperson allerdings langsamer. Hier bringt ein Team Effektivität. Sämtliche Aspekte aller Disziplinen können problemlos und schnell erhoben und vor allem gegeneinander abgewogen werden. Das geht gemeinsam schneller und sicherer.

Bei der Ideenfindung kommt noch ein zusätzlicher Aspekt hinzu. Bilden mehrere Personen ein Team, entsteht eine gemeinsame Intelligenz, die mehr ist als die Summe der Einzelintelligenzen. Das ist das sogenannte Mastermind-Prinzip. Die Teilnehmer befruchten sich in der Ideenfindung derart, dass der Einzelne Geistesblitze erfährt, die er in einer einsamen Bearbeitung des Themas nicht haben kann. Der Grund hierfür ist ein durch das Team entstehendes Energiefeld. Wie dieses aufgebaut ist und warum es entsteht, will ich hier nicht weiter ausführen, da es nur über Phänomene, nicht aber über Entstehungsgründe erklärt werden kann.

3 Teams sollten Sie nur dann bilden, wenn Sie sie wirklich brauchen   139

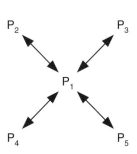

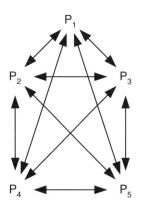

Abbildung 24:
Kommunikationsrad

Abbildung 25:
Die Totale Kommunikation

Außer den beiden Gründen, eine kreative Aufgabe lösen zu wollen oder viele Disziplinen zu vereinigen, gibt es keine weiteren Anlässe, Teams zu bilden. Auch Besprechungen, die nicht als Team bezeichnet werden können, sind nicht in allen Fällen effektivitätssteigernd.

Die Gruppe oder das Team kann als „totale Kommunikationsstruktur" (Abb. 25) bezeichnet werden. Im Gegensatz dazu existiert die „Rad-Kommunikation" (Abb. 24), in der nur eine Person alle Informationen besitzt, alle anderen Beteiligten werden nur bezüglich ihrer Fachthemen informiert oder gefragt. In sehr vielen Fällen der Praxis muss nicht jeder alles wissen, auch wenn es zur Zeit modern ist, jeden Sachverhalt in Besprechungen abzuhandeln. Es gibt zu viele ineffiziente Sitzungen, in denen die Teilnehmer nur einen Bruchteil ihrer Zeit gefragt sind. Die operationale Bearbeitung von Aufgaben bleibt dabei auf der Strecke. Die Informationen, die ausgetauscht oder erzeugt werden, rufen zu erledigende Tätigkeiten hervor, die abgearbeitet werden wollen. Wandert ein Mitarbeiter aber von Besprechung zu Besprechung, wächst lediglich der Arbeitsvorrat der abzuarbeitenden Aufgaben, die Abarbeitung selbst kann aber kaum noch erledigt werden.

Beispiel:

Die Konstruktionsabteilung eines mittelständischen Sondermaschinenherstellers hat die Aufgabe, einen Kundenauftrag konstruktiv zu bearbeiten. In der Konstruktion wird ein Mitarbeiter zum Projektleiter ernannt. Bei Bearbeitungsbeginn wird eine Auftragsstartbesprechung einberufen, in der der Vertriebsmitarbeiter die Erfordernisse und Besonderheiten dieses Auftrages erläutert. Weitere Teilnehmer der Besprechung, die natürlich alles andere als eine Teamsitzung ist, sind: der Konstrukteur/Projektleiter, der Einkäufer und der Produktionschef. Nach diesem Gespräch werden eine Auftragsbeschreibung und ein Lasten- oder Pflichtenheft erstellt. Anschließend beginnt der Konstrukteur mit seiner Arbeit. Währenddessen entstehen neue Fragen oder Informationen, die die Konstruktion an die anderen Abteilungen weiterzuleiten hat. Der Projektleiter muss nun entscheiden, wann er die Besprechung aufs Neue wieder einberuft. Dies tut er, aus einer vorhandenen Absicherungsmentalität heraus, zu häufig. Mehrmals pro Woche beruft er ein Meeting ein, in dem keine Entscheidungen fallen und keine Kreativität benötigt wird.

Sehr oft handelt es sich um Informationen, die, je nach Bearbeitungsphase des Projektes, nur eine der anderen Abteilungen betreffen. Selbst wenn die Informationen für alle Beteiligten wichtig sind, ist es noch lange nicht richtig, alle zu einer Besprechung zusammenzurufen. Schriftliche oder fernmündliche Einzelinformationen sind häufig effektiver als Meetings. Die Ausnahme gilt selbstverständlich für Besprechungen, in denen Entscheidungen von allen Beteiligten gefällt und mit getragen werden müssen.

4 Arbeitsgruppen versus Teams

Unberührt von dem bisher Gesagten bleiben Arbeitsgruppen, die sich die Tätigkeiten bei der Abarbeitung von Aufgaben teilen. Hier kann zwischen der vertikalen und der horizontalen Teilung unterschieden werden. Bei der vertikalen Teilung handelt es sich um den gerade in Abschaffung befindlichen Taylorismus. Hier werden Arbeiten in Einzelschritte aufgeteilt, die dann jeweils von unterschiedlichen Personen ausgeführt werden. In der Konstruktion könnte das zum Beispiel die Trennung zwischen Entwurfs- und Detailkonstruktion oder zwischen der Zeichnungs- und Stücklistenerstellung sein. Die bekannteste Art der vertikalen Arbeitsteilung ist die Fließbandarbeit. Bei der Einführung dieser Arbeitsmethode wurden komplexe Tätigkeitsabfolgen in Kleinstjobs bis zu einer Dauer von wenigen Sekunden aufgeteilt. Diese Art der Arbeitsteilung, ist heute zum Glück kaum noch zu finden.

Die horizontale Trennung von Aufgaben ist die Teilung größerer Projekte in Teilprojekte, die nicht nacheinander, sondern parallel bearbeitet werden. Das bedeutet beispielsweise die Aufteilung der Konstruktion einer ganzen Produktionsanlage in die Konstruktion von Einzelaggregaten, die zeitgleich von verschiedenen Konstrukteuren bearbeitet werden können. Sowohl bei der horizontalen als auch bei der vertikalen Trennung von Aufgaben arbeiten mehrere Menschen am gleichen Job. Das ist auch eine Art von Teamarbeit. Hier sind allerdings die Prämissen anders als bei dem oben beschriebenen „idealen" Team der Wertanalyse oder bei interdisziplinären Entscheidungen. Bei der Arbeitsgruppe kommt es darauf an, dass die Beteiligten ständig alle benötigten und entstandenen Informationen erhalten. Hier sind Arbeitstreffen erforderlich, in denen sich ändernde Rahmenbedingungen und Arbeitsergebnisse ausgetauscht werden. Das ideale Forum solcher Arbeitsgruppen ist das Großraumbüro, in dem alle Projektbeteiligten räumlich so angeordnet sind, dass sie während ihrer Arbeit Sichtkontakt haben. Ist das nicht zu realisieren, weil möglicherweise die räumlichen Bedingungen eine solche Anordnung nicht zulassen, müssen die Informationen auf schriftliche oder mündliche Weise verteilt werden. Bezüglich der Themen Arbeitsklima, Stimmung und gegenseitige Anerkennung gilt für die Arbeitsgruppen Ähnliches wie für die Teams. Auch hier ist ein offenes, konstruktives Klima für den Arbeitserfolg maßgeblich, allerdings mit dem Unterschied, dass eine Arbeitsgruppe auch mit schlechtem Arbeitsklima Ergebnisse bringen kann. Diese Ergebnisse sind dann zwar schlechter, als die aus einer positiven Arbeitsatmosphäre heraus entstandenen, sie sind aber dennoch möglich. Bei unserem „Idealteam" ist das anders. Hier werden bei schlechter Stimmungen und fehlender Anerkennung Ergebnisse unmöglich. Selbst minderwertige

Ergebnisse können nicht erzeugt werden. Wer Arbeitsgruppen zu führen hat, kann diese ähnlich wie klassische Abteilungen behandeln. Die Elemente der Mitarbeitermotivation, die richtige Informationspolitik und die richtigen Hilfsmittel werden hier genauso angewandt. Moderationsfähigkeiten sind bei der Arbeitsgruppe zwar wünschenswert, aber – anders als beim Team – nicht zwingend erforderlich.

VIII

Durch Führung
die Arbeitsergebnisse revolutionieren

Bisher haben wir uns vorwiegend mit den Erfordernissen und Begebenheiten in Konstruktions- und Entwicklungsabteilungen beschäftigt. Nun möchte ich mich dem Thema „Werkzeuge zur tatsächlichen Veränderung von Prozessen" widmen, denn nach der Erkenntnis von Zusammenhängen und Verantwortlichkeiten müssen Maßnahmen folgen, die zur Realisierung der Vorsätze führen.

Was bezüglich der zu verbessernden Hilfsmittel, also technisches Equipment und räumliche Ausstattung zu tun ist, ist leicht zu erkennen und zu formulieren. Im EDV- und Ausstattungsbereich gibt es ständig etwas zu verbessern. Hier stößt man allerdings häufig an die Grenzen der Finanzierbarkeit. Die Kunst, Ideen in die Tat umzusetzen und die nötigen Mittel dafür zu erwirken, hängt meistens nur vom Geschick des Abteilungsleiters ab. Wenn Sie wissen, wie Sie Ihre Wünsche und Belange im Budgetplan des Hauses platzieren können, sind alle weiteren Schritte einfach. Jetzt brauchen Sie nur noch die Ausstattungsverbesserungen, wie zum Beispiel neue Hard- oder Software, zu bestellen und zu installieren. Die einzigen Schwierigkeiten, die gegebenenfalls noch auf Sie warten, sind mögliche Akzeptanzprobleme bei Ihren Mitarbeitern. Vielleicht ist das neue CAD-System, mit dem Sie arbeiten wollen, nicht das, was von Ihren Leuten favorisiert wird. Auf derartige Akzeptanzprobleme möchte ich später noch einmal eingehen.

Das zweite Feld der Verbesserung ist die Organisation. Was hier zu tun ist, habe ich in den vorherigen Kapiteln beschrieben. Alle Belange die Ihre Abteilung betreffen, können Sie aus eigener Macht ändern oder lösen. Abteilungsübergreifende Maßnahmen sind selbstverständlich mit Ihren Kollegen und dem Chef gemeinsam zu beschließen. Hier kommt es, ähnlich wie bei der Budgetfreigabe, auf ihre Überzeugungsfähigkeit und Einflussnahme an. In jedem Falle hat die Effektivität des Gesamtprozesses Ihrer Firma Vorrang vor dem Einzelprozess Ihrer Abteilung. Es gibt zum Beispiel Verbesserungsmaßnahmen, die in der Produktionsabteilung einen Nutzen, für Sie aber einen Aufwand bedeuten. Hier ist der Gesamtnutzen für den kompletten Prozess zu bewerten. Umgekehrt gilt das bei organisatorischen Veränderungen, die Ihnen Effizienz bringen, für andere Abteilungen möglicherweise Aufwand bedeuten. Auch hier ist abzuwägen, ob der Gesamtprozess einen Nutzen erfährt oder nicht.

Das wichtigste Veränderungsfeld, ist die Verbesserung des Verhaltens Ihrer Mitarbeiter. Die Optimierung der Mitarbeiterqualifikation und des Mitarbeiterverhaltens gehört zu Ihren obersten Aufgaben. Im Folgenden möchte ich auf die Möglichkeiten eingehen, die Mitarbeiter positiv zu beeinflussen. Hierbei ist das erste Werkzeug der Dialog zwischen Ihnen und Ihren Mitarbeitern.

Im Zusammensein mit anderen Menschen ist es unmöglich, nicht zu kommunizieren. Auch wenn gerade kein hörbares Gespräch geführt wird, läuft zwischen zwei sich gegenübersitzenden Personen eine Kommunikation ab. Neben der Mimik, der Gestik und der Körperhaltung sind auch atmosphärische Kommunikationsebenen einbezogen. Diese Faktoren können nicht abgestellt werden und laufen selbstverständlich auch während der verbalen Gesprächsführung ab. Alle nonverbalen Kommunikationsformen werden von den Gesprächsteilnehmern bewusst oder unbewusst registriert. Ob es sich um die Intensität des Blickkontaktes, um die Stimmlage oder die Sprechgeschwindigkeit handelt, all diese Faktoren sind Botschafter, die zum Dialog beitragen. Ich halte nichts davon, solche Dinge absichtlich verändern zu wollen und sie „mechanisch" einzustudieren, um damit zu versuchen, eine nicht vorhandene „positive innere Haltung" dem Gesprächspartner gegenüber vorzutäuschen. Die Anzahl der Kommunikationskanäle, die die wahre Einstellung signalisieren, ist zu groß, um alle bewusst steuern zu können. Mit anderen Worten: Unabhängig davon, wie Sie Ihre nonverbalen Kommunikationsfelder auch verbiegen wollen, spürt Ihr Gesprächspartner Ihre wirkliche Grundhaltung ihm gegenüber. Ihre Einstellung kann nicht verborgen werden. Daher ist es wichtig, an der Grundhaltung zu arbeiten und nicht an den Signalen und Botschaftern „herumzuklempnern". Das ist bei Mitarbeitern einfach, die die von Ihnen geforderte Leistung erbringen und die Sie vielleicht auch sympathisch finden. Vor einem Mitarbeitergespräch sollten Sie sich einige Minuten Zeit nehmen und über die Stärken und Schwächen der Person nachdenken. Außerdem ist es wichtig, den Menschen als Ganzes zu sehen. Auch ihre Mitarbeiter haben Familie, Hobbys, Freunde und Sorgen. Oft genügt es, sich direkt vor einem Mitarbeitergespräch diese Punkte ins Gedächtnis zu rufen, denn dadurch kann man die Person, wenn sie zum Gespräch den Raum betritt, als volle Persönlichkeit „erkennen". Ihr Mitarbeiter spürt das sofort und dankt es Ihnen unbewusst mit einer offenen Kommunikation.

Schwieriger wird diese Thematik bei Mitarbeitern, die Sie nicht mögen oder deren Leistung Sie nicht schätzen. Bei solchen Mitarbeitern sind die Gespräche natürlich noch wichtiger. Die Leistung der schwachen Leute soll zum Wohle der Firma optimiert werden. Zur Vorbereitung solcher Gespräche benötigen Sie etwas mehr Zeit als nur einige Minuten oder Sekunden vor dem Meeting. Hier sollten Sie sich in schriftlicher Form über Ihre Beziehung zu diesem Menschen Klarheit verschaffen. Schreiben Sie sich seine Stärken und Schwächen auf. Strukturieren Sie diese nach Wichtigkeit bzw. nach der Möglichkeit, sein Verhalten tolerieren zu können oder es als unakzeptabel einzustufen. Auch seine Stärken sind objektiv zu definieren um zu vermeiden, dass Sie ihm aus aktuellen Problemen heraus Unrecht tun. In der Regel sieht man die eigene Beziehung zu dem Mitarbeiter nach diesen Aufzeichnungen schon klarer. Ist das jedoch noch nicht der Fall, schreiben Sie sich bitte auf, warum Sie den Menschen nicht mögen. Diese Übung sollte unbedingt schriftlich erfolgen und nicht unter Zeitdruck stattfinden. In der Erwartung des gleich anstehenden Termins findet man nicht die Ruhe, über Zuneigung oder Abneigung nachzudenken und die relevanten Punkte zu formulieren. Sie benötigen dafür mindestens 30 Minuten Zeit. Unabhängig von dem Ergebnis der Aufzeichnungen sind Sie nun in der Lage, die Dissensen zwischen sich und Ihrem Mitarbeiter zu kontrollieren. Allein durch diese Ergebnisse sind Sie im Gespräch nicht mehr Sklave Ihrer eigenen Gefühle. Sie können jetzt eine offene und klare, wenn auch nicht unumwunden positive Einstellung zu Ihrem Mitarbeiter ausstrahlen. Nun können Sie auch diesen Mitarbeiter mit all seinen Fehlern als ganzen Menschen verstehen.

1 Das Mitarbeitergespräch: Der Schlüssel zum Erfolg

Zuerst möchte ich die wichtigsten Arten der Mitarbeitergespräche differenzieren:

1. Jahresgespräch
2. Zielvereinbarungsgespräch
3. Konfliktgespräch

Alle weiteren Nuancen von Mitarbeitergesprächen möchte ich hier nicht weiter diskutieren, da nur diese drei für uns wichtig sind.

Wenn Ihr Unternehmen an tarifliche Vereinbarungen gebunden ist, sind Sie möglicherweise gezwungen, außertarifliche Leistungszulagen Ihrer Mitarbeiter zu beurteilen. Oft wird diese Bewertung in einem jährlichen Gespräch zwischen dem Vorgesetzten und dem Mitarbeiter vorgenommen. Solche Gespräche müssen anhand der tariflichen Vorgaben und der Leistungsbewertung durchgeführt werden. Der Mitarbeiter hat ein Recht darauf, nach den allgemein gültigen Fragestellungen beurteilt zu werden. Die Regeln hierzu sind oft in Betriebsvereinbarungen festgelegt. Auf diese Art der Gespräche möchte ich hier nicht näher eingehen, da sie von Unternehmen zu Unternehmen zu individuell reglementiert sind. Eine andere Form des Jahresgesprächs kommt dem Zielvereinbarungsgespräch sehr nahe. Diese Gespräche haben nicht das Ziel, das Gehalt Ihres Mitarbeiters neu zu definieren, sondern die fachliche und persönliche Entwicklung voranzutreiben. Gleichzeitig soll die Leistung, die diese Person für das Unternehmen erbringt, optimiert werden. Inwieweit diese Art der Gespräche als Jahresgespräche etabliert werden müssen, möchte ich offen lassen. Ich bin der Überzeugung, dass solche Dialoge häufiger als einmal im Jahr geführt werden müssen. Darüber hinaus ist ein steifes Muster eines per Betriebsvereinbarung festgelegten Gesprächs meiner Meinung nach schlecht. Mitarbeitergespräche sollten den Charakter einer privaten Vereinbarung zwischen dem Vorgesetzten und dem Mitarbeiter haben. Zwei erwachsene Menschen verabreden sich zu einem gemeinsamen Ziel und das möglichst ohne Einbeziehung des Gehalts oder von Prämien. Schließlich reden wir hier von Mitarbeitern, die in der Regel intelligent, mental unabhängig und eigenständig sind. Jede äußere Reglementierung, die versucht das Gespräch in ein Schema zu pressen, empfinde ich als unwürdig für die Teilnehmer.

Vorbereitung eines Mitarbeitergesprächs

Wie sollte ein Mitarbeitergespräch vorbereitet sein? Überraschen Sie Ihren Mitarbeiter nicht mit einem plötzlich einberufenen Gespräch. Laden Sie ihn schon einige Tage vor dem Termin ein. Dabei ist wichtig, dass Sie ihm kurz beschreiben, worum es gehen wird, so dass er sich vorbereiten kann. Die Formulierung des Themas ist so zu wählen, dass er auf keinen Fall Lampenfieber bekommt, sondern sogar die Möglichkeit entwickelt, sich auf das Treffen zu freuen. In welcher Form solche Formulierungen sein sollten, kann ich hier nicht aufzeigen, da sie zu individuell vom Charakter Ihres Mitarbeiters und von Ihrer Beziehung zu ihm abhängen. Bei der inhaltlichen Vorbereitung des Treffens sollten Sie genau formulieren, was Sie besprechen möchten. Das können beispielsweise die fachlichen oder persönlichen Fähigkeiten, kurzfristige Arbeitsziele, wie zum Beispiel termingerechte Abwicklung von Projekten, mittelfristige Arbeitsziele, wie Produktstandardisierungen oder -pflege, seine berufliche Entwicklung oder sein Verhalten im Allgemeinen sein. Bei der schriftlichen Vorbereitung stellt man oft fest, dass die anstehenden Themen nicht alle auf einmal abgehandelt werden können. Ein Mitarbeitergespräch sollte nicht länger als zwei Stunden dauern. Zwei oder mehrere kurze Gespräche sind häufig besser als ein einzelnes zu langes Gespräch, in dem alles abgehandelt werden soll. Neben der schriftlichen Vorbereitung des zu vereinbarenden Ziels oder der zu besprechenden Thematik sollten auch erforderliche Rahmenbedingungen, wie Ressourcen zur Zielerreichung, Kompetenz des Mitarbeiters und erforderliche Qualifikation des Mitarbeiters vorskizziert werden, damit nicht beim ersten Einwand des Mitarbeiters das Treffen wegen mangelnder Informationen abgebrochen werden muss. Stellen Sie sich zur Vorbereitung den Gesprächsverlauf vor Ihrem geistigen Auge vor. In der Regel kann man die möglicherweise auftretenden Fragen und Einwände schon jetzt antizipieren und die Antworten durch Informationsbeschaffung vorbereiten. Selbstverständlich sind der Gesprächstermin und -ort so zu wählen, dass Sie beide genügend Zeit haben und störungsfrei bleiben. Der Raum sollte eine angenehme Atmosphäre ausstrahlen. Ihre emotionale Vorbereitung, wie oben schon beschrieben, hat natürlich auch direkt vor dem Gespräch stattzufinden. Am Ende dieses Kapitels ist eine Checkliste zur Gesprächsvorbereitung angehängt (Abb. 26).

Durchführung des Mitarbeitergesprächs

Bei der Durchführung des Dialogs können Sie mit einer kurzen und unmissverständlichen Einführung noch einmal das Thema und gegebenenfalls gleich Ihre Zielsetzung definieren. Wichtig ist, dass dieses Statement nur als Einführung zum Inhalt und nicht als Überzeugungsakt formuliert wird. Ihre Meinung zu dem zu erreichenden Ziel sollte als Vorschlag und nicht als Vorschrift verstanden werden. Nach dem Einführungsstatement beschränkt sich Ihre Aufgabe auf das Zuhören. Schenken Sie dem Mitarbeiter Ihre volle Aufmerksamkeit. Suchen Sie Blickkontakt und zeigen Sie ihm, dass Sie seine Ideen, Einwände und Gedanken verstehen. Machen Sie sich zu den wichtigsten Punkten schriftliche Notizen. Wenn Sie etwas nicht klar verstanden haben, sollten Sie mit offenen Fragen (wie, was, wo ...?) nachhaken, so dass Sie seine Meinung zu diesem Thema voll aufnehmen können. Nachdem Sie die komplette Meinung Ihres Mitarbeiters zum Thema gehört haben, beginnt die Vereinbarungsverhandlung. Die prägenden Elemente hierbei sind die Ausgewogenheit der Gesprächsanteile und das Sich-gegenseitig-Ausredenlassen. Alle Einzelpunkte, in denen Sie Einigung erzielen, sollten Sie kurz schriftlich festhalten. Wenn Sie sich in einem oder mehreren Detailpunkten nicht einigen können, aber unabhängig davon noch weitere Einzelheiten zu besprechen sind, sollten Sie diese Punkte schriftlich festhalten und zurückstellen. Danach kann der Gesprächsverlauf weitergeführt werden. Ergeben sich für die Dissenspunkte keine Einigung oder neue Aspekte, können diese Detailthemen vertagt werden, so dass die Einzelheiten, in denen Einigung erzielt werden konnte, ihren Wert behalten.

Beispiel:
Eine Produktreihe sollte mit dem Ziel der Baugruppenstandardisierung überarbeitet werden. Zu einem der Teilziele gehörte es, die Nicht-Standard-

zeichnungen in ein EDV-Verzeichnis zu legen, zu dem die Konstrukteure nur nach Genehmigung Zugriffsrechte hatten. Der Vorgesetzte führte mit dem ausführenden Konstrukteur ein Ziel-Gespräch zu diesem Thema. Innerhalb des Gespräches stellte sich heraus, dass der Konstrukteur die anstehende Maßnahme zu diesem Teilziel ablehnte. Der Vorgesetzte schrieb während des Mitarbeitergesprächs diesen Punkt detailliert und ausgiebig auf ein Blatt Papier und legte es mit folgenden Worten neben sich auf den Tisch: „Bei diesem Thema sind wir zur Zeit noch nicht einer Meinung, das behandeln wir später". Durch das Aufschreiben und sichtbare Platzieren des Blattes bekommt der Mitarbeiter das Vertrauen, dass dieser Punkt wieder besprochen und nicht vergessen wird. Im weiteren Gespräch konnte die Reihenfolge der laufenden Produktstandardisierung, die inhaltlichen Vorgaben, der Zeitrahmen und die Vorgehensweise vereinbart werden. Mit der grundsätzlichen Zielsetzung der Produktstandardisierung konnte sich der Mitarbeiter identifizieren, lediglich die Zwangsmaßnahme der gesperrten Verzeichnisse lehnte er ab. Das Gespräch verlief trotz der Uneinigkeit in diesem Punkt sehr positiv und hatte die Erledigung der nächsten Maßnahmen zur Produktstandardisierung zur Folge. Der Mitarbeiter begann nach dem Gespräch mit den vereinbarten Arbeiten. Im weiteren Verlauf der Maßnahmendurchführung konnte auch ein Kompromiss über den Dissenspunkt gefunden werden. Hätte der Vorgesetzte während des Gesprächs versucht, den Punkt der Uneinigung zu klären, wäre wahrscheinlich das komplette Gespräch ergebnislos verlaufen. Es ist also wichtig, dass solche Dialoge eine positive Grundeinstellung behalten, denn negativ abgeschlossene Treffen strahlen in der Regel auch auf die Folgegespräche aus.

Am Ende dieses Kapitels ist eine Checkliste zur Gesprächsdurchführung angehängt (Abb. 27).

Dokumentation und Nachbereitung des Mitarbeitergesprächs

Kommen wir nun zu der Dokumentation eines Mitarbeitergespräches. Sie sollte offen und gemeinsam erfolgen. Wenn Sie sich Stichworte aufgeschrieben haben, die später von einer Schreibkraft in Protokollform neu niedergeschrieben werden, sollten Sie die Inhalte mit Ihrem Gesprächspartner durchgehen. Idealerweise diktieren Sie den Text in Anwesenheit Ihres Mitarbeiters auf ein Tonband. Es darf auf keinen Fall der Anschein von geheimen Protokollen entstehen. Neben Teilnehmer und Datum ist natürlich das vereinbarte Ziel und die verabredete Vorgehensweise zu dokumentieren. Ebenso die erforderlichen Ressourcen, die beteiligten Personen, die Befugnisse und der Zeit- und Kostenrahmen. Punkte über die Sie sich nicht einigen konnten, sollten ebenfalls klar und unmissverständlich als unterschiedliche Auffassungen beschrieben werden. Am Schluss können Sie Kontrollvereinbarungen und das nächste Vorgehen, zum Beispiel den nächsten Gesprächstermin, aufschreiben. Um die Verbindlichkeit der Vereinbarung zu erhöhen, können Sie beide das Dokument unterzeichnen. In jedem Falle erhält Ihr Mitarbeiter eine Kopie. Je nach unternehmensspezifischen Regeln oder Gewohnheiten können oder müssen Sie Ihre Personalabteilung oder sogar den Betriebsrat in die Verteilung dieses Dokumentes aufnehmen. Tun Sie das jedoch, verliert das Mitarbeitergespräch häufig den Charakter einer Vereinbarung von Mensch zu Mensch. Ich empfehle Ihnen daher die Protokollierung des Mitarbeitergesprächs zwischen Ihnen und Ihrem Mitarbeiter vertraulich zu halten.

Einige Tage nach dem Gespräch können Sie Ihren Mitarbeiter noch einmal auf nachträgliche Gedanken oder neue Ideen ansprechen. Somit bekommt das Gespräch nicht den Charakter des „Ex und Hopp". Haben Sie mit diesem Mitarbeiter das erste Mal gesprochen, ist es besonders wichtig, dass er die Dauerhaftigkeit dieser Einrichtung erkennt. Wenn er das Gefühl bekommt, dass es sich um eine Eintagsfliege gehandelt hat, unterlässt er sofort alle Aktivitäten zur Zielerreichung. Haben Sie Ihrem Mitarbeiter während des Gespräches Hilfestellung zur Zielerreichung versprochen, müssen Sie diese selbstverständlich termingerecht einhalten. Ein hier von Ihnen uneingelöstes Versprechen zerstört die Vereinbarung sofort. Aber auch wenn keine Hilfestellung verabredet wurde, tun Sie gut daran, Ihrem Mitarbeiter auf seinem Weg zur Zielerreichung immer wieder Hilfe anzubieten. Selbst wenn er sie nicht annimmt, beflügelt die Signalisierung Ihres Interesses am Thema seine Aktivitäten. Die angebotene Hilfe darf aber nicht als unvereinbarte Zwischenkontrolle missverstanden werden, da ein Mitarbeiter dieses immer als Vertrauensentzug wertet. Vereinbarte Kontrollen sind selbstverständlich genau und verlässlich einzuhalten, denn wenn ein Mitarbeiter unter Einsatz überdurchschnittlicher Energie das vereinbarte Ziel oder Zwischenziel erreicht hat, Sie es aber dann nicht abfragen, ist die Frustration vorprogrammiert.

Das Mitarbeitergespräch ist ein wichtiges Führungswerkzeug, das das Verhältnis zwischen Ihnen und Ihrem Mitarbeiter verbindlicher gestaltet. Nur mal eben so ein Mitarbeiterentwicklungsgespräch zu führen, kann nicht Sinn der Sache sein. Es geht um Leistungserfüllung, Unternehmenserfolg aber auch vor allem um die persönliche Entwicklung Ihrer Leute.

Selbstverständlich gehört die Weiterführung des ersten Vereinbarungsgesprächs mit zur erfolgreichen Mitarbeiterführung. Hierbei ist es wichtig, dass die im Vorgespräch vereinbarten Punkte wieder aufgegriffen werden. Oft haben sich inzwischen die Rahmenbedingungen und äußeren Umstände gewandelt. In einem solchen Fall sollte der zuletzt festgehaltene Gesprächsstand noch einmal klar gemacht werden. Das dient auch dazu, sich die Veränderungen des Umfelds gemeinsam bewusst zu machen. Mit dieser Klärung können Sie die Zielvereinbarung auf der einen Seite und die Rahmenbedingungen auf der anderen Seite abgrenzen. Haben Sie beispielsweise persönliche und fachliche Entwicklungsziele mit Ihrem Mitarbeiter vereinbart, hat er aber seine Aufgabenstellung zwischenzeitlich vielleicht gewechselt, müssen diese beiden Umstände klar voneinander getrennt werden. Die Intention der Mitarbeiterbefähigung bleibt, bekommt aber gegebenenfalls durch die neue Aufgabe neue Fassetten. Wirft man beide Themen zusammen, ist man geneigt, alles bisher vereinbarte zu entwerten und wieder bei Null anzufangen. Schlimmstenfalls unterlässt man sogar die Folgegespräche. Nachstehend ist eine Checkliste zur Gesprächsdokumentation angehängt (Abb. 28).

1 Das Mitarbeitergespräch: Der Schlüssel zum Erfolg   153

Gesprächsvorbereitung:

1. Vorläufige Ziele, die besprochen werden sollen:

2. Erforderliche Ressourcen:

3. Erforderliche Mitarbeiterqualifikation:

4. Erforderliche Befugnisse:

5. Voraussichtlicher Erledigungstermin (auch für Teilziele):

Abbildung 26: Vorbereitung zum Mitarbeitergespräch

Gesprächsverlauf:

Gesprächsthema kurz und klar darstellen:

Kurze Vorstellung des Ziels und der Rahmenbedingungen:

Zuhören: Meinungen, Ideen, Einwände des Mitarbeiters:

Vereinbarungsbesprechung durchführen
(gleichmäßige Gesprächsanteile):

Uneinigkeitspunkte zurückstellen:

Vereinbarung (und ggf. Uneinigkeitspunkte) festschreiben:

Nächstes Vorgehen (Information an Dritte, Erledigungslisten, Recherchen, nächstes Treffen usw.):

Abbildung 27: Gesprächsleitfaden

1 Das Mitarbeitergespräch: Der Schlüssel zum Erfolg 155

Checkliste Zielvereinbarung:
Zielbeschreibung:

Zuständiger Mitarbeiter:

Ressourcenrahmen (Mitarbeiterzahl, Finanzrahmen, Equipment usw.):

Zielmessgröße (auch für Teilziele):

Termine:

Kontrollabsprachen:

Sonstige Vereinbarungen:

Datum/Unterschriften:

Vorgesetzter   Mitarbeiter

Abbildung 28: Checkliste Zielvereinbarung

2 Führen mit Zielen in der Konstruktion

Kommen wir nun zu einem übergeordneten Thema: Das Führen mit Zielen als Managementmethode. Ziele sind Hilfsmittel, die die menschliche Energie, in unserem Fall die Arbeitsenergie, auf ein vorgeplantes Ergebnis hin ausrichten. Ohne ein Ziel würde diese Energie diffus in nicht vorhersehbare Richtungen strömen. Wichtig ist, dass die Ziele der Mitarbeiter alle in die gleiche Richtung weisen, denn sonst würden sich unterschiedliche Aktivitäten gegenseitig aufheben. Die gemeinsamen Nenner von Mitarbeiterzielen sind natürlich die Unternehmensziele. Ich möchte in diesem Buch nicht weiter darauf eingehen, wie Unternehmensziele von Visionen abgeleitet werden und diese dann zu Abteilungs- oder Prozesszielen gemacht werden. Die folgenden Beschreibungen gehen von klar formulierten Unternehmens- und Prozesszielen, insbesondere für die Entwicklung und Konstruktion, aus.

Welche Ziele gibt es?

Ziele können grob in folgende Untergruppen differenziert werden:

- Projekt- oder Auftragsziele
- Problemlösungsziele
- kreative Ziele
- Entwicklungsziele

Projektziele sind zum Beispiel Ziele der Aufgabenerfüllung bei einem Kundenauftrag. Diese Art der Ziele sind in Kosten-, Termin- und Funktionserfüllungsziele detailliert. Projektziele sind in der Regel mit einer Auftragsbestätigung oder einem Pflichtenheft definiert. In diesen Fällen sind die wenigsten Zielvereinbarungen mit den Mitarbeitern erforderlich, da klar ist, was bei der Auftragsbearbeitung erreicht werden muss. Vereinbarungen sind bei Auftragsabwicklungen nur erforderlich, wenn der Mitarbeiter nicht genau weiß, was zu tun ist oder nicht gewillt oder in der Lage ist, die Verantwortung dafür zu übernehmen. In solchen Fällen sollten Sie auch für die normale Auftragsbearbeitung Vereinbarungsgespräche mit Ihren Mitarbeitern durchführen.

Die Problemlösungs-, Entwicklungs- und kreativen Ziele sind mit Aktivitäten verbunden, die sich nicht aus einem Kundenauftrag, sondern aus einer Eigeninitiative heraus ergeben. Dadurch sind mehr eigenes Durchhaltevermögen und eigene Initiative der Mitarbeiter erforderlich. Um das zu forcieren, braucht man Zielvereinbarungen. Der Mitarbeiter bekommt die Möglichkeit, die Aufgabe zu verstehen, sie mit zu beeinflussen, sie zu tragen und vor allem, sie anzunehmen. Nur durch die Annahme des Projektes ist er in der Lage, Verantwortung zu entwickeln. Problemlösungsziele sind beispielsweise selbstgestellte Aufgaben zur Verbesserung der eigenen Prozesse in der Abteilung. Ist zum Beispiel bei der Bearbeitung von Kundenaufträgen die technische Ausführung nicht klar, bedeutet das für den Konstruktionsprozess eine Störgröße, die durch nachträgliche technische Klärung bewältigt werden muss. In der Regel ist diese fehlende Information ein wiederkehrendes oder chronisches Prozessproblem. Es lohnt sich, mit einem oder mehreren Mitarbeitern ein Ziel zu vereinbaren. Ein Mitarbeiter könnte in diesem Fall die Aufgabe bekommen, ein schematisiertes Pflichtenheft zu entwickeln und dieses mit dem Vertrieb zu besprechen und einzuführen. Da es sich hier um eine längerfristige und oft schwierige Aufgabe handelt, lohnt es sich, diese per Zielvereinbarung mit dem Mitarbeiter zu etablieren. Ihr Mitarbeiter nimmt das Ziel als das seine an und arbeitet, je nach Qualifikation, recht selbständig daran.

Kreative Ziele sind im Kontext von Konstruktionsabteilungen sehr häufig Innovationsziele für Produkte. Auch diese sollten über eine schriftliche Zielvorgabe klar formuliert sein. Zu beachten ist der Detaillierungsgrad der Formulierungen. Wird er zu grob gewählt, entspricht das Arbeitsergebnis möglicherweise nicht den Erwartungen. Innovationsziele haben verschiedene Gründe. Ob es sich um eine zu senkende Reklamationsrate, um ein zu verbesserndes Produkt oder um die Erfüllung von Markterfordernissen handelt, es gibt immer klare Erwartungen an eine Innovation. Wird dem Konstrukteur diese Erwartung nicht verdeutlicht, das Ziel also nicht klar genug formuliert, entwickelt er möglicherweise in eine Richtung, die Ihre Erwartungen enttäuschen. Oft sind dann die Diskussionen groß, weil die verschwendeten Ressourcen besser hätten eingesetzt werden können. Auf der anderen Seite darf ein Innovationsziel aber auch nicht zu detailliert formuliert werden, da es sich sonst nicht mehr um eine Zieldefinition, sondern um eine Wegbeschreibung handelt. Definieren Sie das zu entwickelnde Produkt zu genau, bedeutet das für den Mitarbeiter nur noch die Ausführung von Detailkonstruktionen, da der Entwurf und das Konzept von ihnen bereits vorgedacht wurden. Hier braucht man keine Zielvereinbarungen mehr, da es sich lediglich um eine Abarbeitung handelt. Der Mitarbeiter sollte bei der Erreichung von Innovationszielen selbst kreativ denken und handeln müssen. Ist das nicht der Fall, haben Sie, nicht der Mitarbeiter, das Ziel erreicht. Je qualifizierter ein Mitarbeiter ist, umso wichtiger ist, damit er nicht unterfordert wird, die Selbstständigkeit seiner Kreativität.

Unter Entwicklungszielen verstehe ich nicht das Gleiche wie unter Innovationszielen, sondern hier handelt es sich um Ziele zur Verbesserung der persönlichen Eignung und Leistung von Mitarbeitern: „Mitarbeiterentwicklung". Diese Ziele dienen dem Aufbau der Mitarbeiterfähigkeiten und der Optimierung seines Verhaltens. Hier sind, wie in den vorhergehenden Kapiteln schon beschrieben, selbstverständlich Zielvereinbarungen erforderlich, da der Lernprozess des Mitarbeiters nur mit seinem Einverständnis und seiner eigenen Motivation funktioniert. Es ist besonders wichtig, auf den Konsens des Entwicklungsziels beim Mitarbeiter zu achten. Steht er nicht voll hinter dem Ziel, kann er die Kraft zum eigenen Lernen nicht aufbringen.

Zielerreichung muss kontrolliert werden

Egal, um welches Ziel es sich handelt, es ist wichtig, mit dem Mitarbeiter Leistungsstandards und Kontrollverfahren zu vereinbaren. Leistungsstandards sind Messgrößen dafür, unter welchen Bedingungen das Ziel als erreicht gilt. Kontrollverfahren beschreiben die Meilensteine, an denen der Reifegrad der Zielerfüllung geprüft wird. Die Ziele sollten, bei einfachen Zielen, beziehungsweise bei sehr qualifizierten Mitarbeitern, erst zum Endtermin abgefragt werden. Längerfristige Ziele oder weniger qualifizierte Mitarbeiter benötigen Zwischenkontrollen, Nachregelungen und Zwischenziele.

Nicht alle Ziele können mit objektiv messbaren Leistungsstandards versehen werden. Zum Beispiel ein Kostensenkungsprogramm für ein vorhandenes Produkt hat ein klar und objektiv zu messendes Ziel. Sind die Kosten, zum Beispiel die Herstellkosten, im Ist-Zustand klar definiert, kann durch eine Kalkulation des neu konstruierten Produktes die erreichte Kostenersparnis klar berechnet werden. Ein solches Ergebnis ist objektiv und führt nie zu Diskussionen. Formuliert man aber zur Senkung einer Reklamationsrate das Ziel „Verbesserung der Qualität", ist jede Form der Zielerreichungsmessung unmöglich. Was heißt hier Qualitätsverbesserung? Wie wird die Qualität heute gemessen? Wie wird sie nach der Änderungskonstruktion gemessen? Wie wird die Differenz quantifiziert? Ein Ziel derart schwammig zu formulieren, produziert garantiert Missverständnisse und Enttäuschungen. In dem beschriebenen Beispiel der Reklamationsrate könnte eine Fehleranalyse die abzustellenden technischen Mängel genau beschreiben. Darüber hinaus könnten noch weitere technische Verbesserungen verschiedener Baugruppen oder Funktionen mit einfließen, die allerdings klar formuliert sein müssen. In jedem Falle sollte die Reklamationsrate um einen definierten Wert gesenkt werden. Die Messung der Reklamationshäufigkeit kann einige Monate später noch mal durchgeführt und damit die Zielerreichung kontrolliert werden. Einige Ziele lassen sich allerdings nicht mit objektiven Messgrößen versehen. Hierzu gehört beispielsweise das Prozessoptimierungsziel „Verbesserung des Betriebs- oder Abteilungsklimas". Die Veränderung der Stimmung, Atmosphäre oder des Klimas einer Abteilung lassen sich nur subjektiv erfahren. Alle Beteiligten bemerken die optimierte Atmosphäre. Um hier einen Leistungsstandard mit den Mitarbeitern, die an dem Ziel arbeiten, zu vereinbaren, können intersubjektive Beurteilungen eingeholt werden. Hierzu befragt man einen definierten Personenkreis, der eine Beurteilung abgeben soll. Bei dem Thema Betriebsklima geben Sie idealerweise Kriterien, wie Hilfsbereitschaft, Kommunikationsfähigkeit, Stimmungsgefühl und Ähnliches vor. Auch Bewertungszahlen nach dem Schulnotenprinzip oder einem Punktesystem können eingeführt werden. Nachdem Ihre Mitarbeiter die Ideen und Maßnahmen zur Zielerreichung umgesetzt haben, kann die intersubjektive Beurteilung des Klimas selbstverständlich mit der gleichen Differenzierung und dem gleichen Punktesystem wiederholt werden. Dadurch wird man in die Lage versetzt, auch nicht messbare Ziele einer Erfüllungskontrolle unterziehen zu können. Darüber hinaus können Sie als Führungskraft Ihre ganz persönliche Meinung zu einem solchen Thema als Messgröße einsetzen. Erst wenn Sie das Gefühl haben, dass sich ein nicht messbarer Umstand verbessert hat, gilt das Ziel als erreicht. Auch Indikatoren zur mittelbaren Kontrolle von Zielen stehen Ihnen als Hilfsmittel zur Verfügung. Bei dem beschriebenen Beispiel des Abteilungs- oder Betriebsklimas sind die Indikatoren die Fluktuation und der Krankenstand. Insbesondere Letzteres ist ein Indikator, der sehr kurzfristig reagiert. Optimiert sich das Abteilungsklima, ist innerhalb weniger Tage oder Wochen der Krankenstand auf einem besseren Niveau. Ob Sie mit objektiven, subjektiven oder intersubjektiven Messgrößen oder mit Indikatoren arbeiten, in jedem Falle sollten Sie den vereinbarten Leistungsstandard schriftlich fixieren. Stellt sich während der Bearbeitung zur Zielereichung heraus, dass es bessere Messgrößen gibt, können diese unter Einbeziehung der betroffenen Mitarbeiter einfließen. Leistungsstandards sollten präzise formuliert, terminbezogen, quantifiziert, mit Ober- und Untergrenze versehen, wiederspruchsfrei, erreichbar und messbar sein.

IX

Perspektive der Produktentwicklung:
Was machen Sie in zehn Jahren?

1 Der Anspruch an den Konstruktionschef wächst weiter

Viele Industrieunternehmen, die in der Zeit des Wiederaufbaus nach dem zweiten Weltkrieg eine sehr erfolgreiche und wachstumsträchtige Entwicklung mitgemacht haben, gründeten diese sehr häufig auf technische Innovationen Ihrer Produkte. Der Erfolg hing häufig von den technischen Ideen ab, die die Unternehmen aus eigener Kraft entwickelten. Die Ideenschmieden waren oft die Konstruktions- und Entwicklungsabteilungen. Der Konstruktionsleiter war der Hauptideengeber und Innovationstreiber des Hauses. Nicht selten war er aufgrund seiner Kreativität Konstruktionsleiter geworden. Die ihm zur Verfügung stehenden Mitarbeiter waren oft nur Strichezieher und Erfüllungsgehilfen, die seine Ideen in Zeichnungen und Stücklisten umarbeiteten. Ein Beispiel hierfür ist die deutsche Werkzeugmaschinenbranche. Die Kundenbedarfe waren so groß, dass es sich über einige Jahrzehnte hinweg um einen Verteilermarkt handelte, in dem sich der Werkzeugmaschinenhersteller seine Kunden fast aussuchen konnte. Die Konkurrenz aus dem Ausland wurde durch die oben beschriebenen, eigenen technischen Innovationen in Schach gehalten. Die Maschinen lebten von den immer schneller, leiser, sicherer und genauerer werdenden Leistungsmerkmalen. Für den Innovationsschritt wurde fast jeder Preis bezahlt. Eine solche Situation kam dem deutschen Ingenieurwesen sehr entgegen. Der technikverliebte Entwicklungsschritt wurde der Machbarkeitsanalyse und der Kostenabschätzung vorgezogen. Noch bis in die neunziger Jahre hinein gab es Konstrukteure, die bezüglich der fertigungstechnischen oder logistischen Machbarkeit ihrer Produkte sowie vom Zielkostenmanagement keine Kenntnisse besaßen. Ihr Lebensinhalt war die technische Ausführung. Auch heute trifft man noch Konstruktionsleiter an, die sich um Teilevielfalt, Standardisierung, fertigungstechnische Machbarkeit, logistische Machbarkeit und Produktkosten keine Gedanken machen. Diese Art der Mentalität kann nur noch in wenigen Technologiebranchen überleben. Der Großteil der produzierenden Industrie Westeuropas beschäftigt sich mit Produkten, die sich mit dem starken Preiswettbewerb mit „Billigländern" auseinander setzen müssen. Das bedeutet für das Unternehmen, dass die zu erreichenden Produktkosten über den nächsten Innovationsschritt gestellt werden müssen. Was allerdings nicht bedeuten soll, dass die technische Entwicklung unterlassen werden darf, denn sonst kann auch das billigste Produkt nicht bestehen. Wichtig ist jedoch, die preisliche Einordnung von Innovationen in den Markt und in den Kontext des Wettbewerbs.

Um diesem Anspruch gerecht zu werden, sind Konstruktions- und Entwicklungsabteilungen immer mehr genötigt, die fertigungstechnische, aber auch vor allem die logistische Machbarkeit ihrer Produkte bewusst zu beeinflussen. Die fertigungstechnische Machbarkeit wird durch die eigene Produktionstechnologie sowie Möglichkeiten des Outsourcing bestimmt. Sind dem Konstrukteur beide Elemente unbekannt, kann er seine Tätigkeit nicht ausüben. Die Konstruktionsabteilung muss wissen, welche Fertigungsverfahren für das Haus die kostengünstigsten sind, beziehungsweise welche Unterlieferanten fähig und preisgerecht arbeiten. Darüber hinaus ist die logistische Machbarkeit der Produkte in den letzten Jahren immer wichtiger geworden. Hier geht es um die Reduzierung von Lagerbeständen und damit um Kostensenkung. Wer trotzdem flexibel und schnell fertigen will, muss Teile konstruieren, die am Markt sofort zu beschaffen sind, beziehungsweise die in ihrer Stückzahl so häufig gebraucht werden, dass sich eine entsprechende Lagerhaltung rechnet. Methodische Ansätze wie Gleichteileanalysen, Wiederholteile-, Identifikation- und Verwendungsanalysen von Teilen gehören zum Grundrepertoire der Führungskräfte in der Konstruktion. Wer die logistischen Folgen seiner Produkte nicht im Griff hat, kann nicht preisgünstig konstruieren. Für Teilezuwächse im eigenen Lager oder unendliche Lieferzeiten ist die konstruktive Auslegung der Produkte verantwortlich. Wer den nächsten technischen Innovationscoup landet, sich damit aber ein Beschaffungs- oder Lagerhaltungsproblem einhandelt, hat seine Arbeit nicht richtig gemacht. Wertanalytische Ansätze und Standardisierungen von Produkten sind Methoden, die dem Konstruktionsleiter leicht von der Hand gehen sollten.

Also auch hier wieder eine Dreiteilung Ihrer Fähigkeiten in Fach-, Methoden- und Sozialkompetenzen. Die Fachkompetenz ist nach wie vor unerlässlich, damit Sie als Führungskraft in der Konstruktion Innovationen, Neuprodukte und Produktanpassungen initiieren und steuern können. Ohne diese Fachkenntnis, die selbstverständlich sehr tief in Ihre Produkte reichen muss, sind Sie als Konstruktionsleiter nicht in der Lage, Ihren Job zu machen. Wer keine Innovation betreibt, bleibt auch mit dem billigsten Produkt auf der Strecke. Eine weitere, mindestens gleichwertige Kompetenz ist die Fähigkeit, methodisch zu arbeiten. Die oben beschriebene Beeinflussung der Machbarkeit im fertigungstechnischen und logistischen Bereich hat nichts mit fachlichen Fähigkeiten, sondern mit der Methode der Handhabung von Teilen und Baugruppen zu tun. Nur wer die Vielfalt der konstruierten Teile im Griff hat, kann Logistikkosten sparen. Auch Themen wie „Projektmanagement in der Konstruktion" sind methodische und keine fachlichen Ansätze. Nur wer hier firm ist, kann beispielsweise über Zielkostenmanagement die nächste Konstruktion einleiten. Produktbegleitende Kalkulation und Target Costing sind ebenfalls Kenntnisse, die zum Brevier des Konstruktionsleiters gehören sollten.

Ein weiteres wichtiges Thema ist die Kommunikationsfähigkeit der Führungskräfte untereinander. Ob es sich um die Beurteilung von Markterfordernissen, Kundenwünsche, Fertigungsmöglichkeiten, Beschaffungsfähigkeiten, Lagerhaltung oder Servicegerechtigkeit handelt, all diese Thematiken bedürfen der regelmäßigen und effizienten Kommunikation zwischen den Führungskräften eines Unternehmens. Ist der Konstruktionsleiter jedoch ein technisch verliebter Mensch, der sich nicht in der Lage fühlt, im Kommunikationsprozess das eine oder andere Mal über seinen Schatten zu springen, bleiben alle eben genannten Punkte unerledigt oder nur halbherzig bearbeitet. Das Team der Führungskräfte im Unternehmen bildet das Integrationselement für die marktgerechte Produktentstehung. Nur, wenn alle Facetten aller Disziplinen in das Produkt einfließen, kann es ein Erfolg werden. Das bedeutet für den Konstruktionsleiter, von morgens bis abends zu kommunizieren. Auch die in den oberen Kapiteln beschriebene Teamfähigkeit, der Wunsch ein Teil des Ganzen zu sein und nicht ausschließlich nur seine eigenen Interessen zu sehen, sind wichtige Elemente für dieses Thema. Zudem sind außenstehende Kommunikationspartner, wie Kunden, Lieferanten, Partnerfirmen, Behörden oder Institute, in das Netzwerk mit einzubeziehen. Alle eben Genannten sind Kommunikationspartner der Konstruktion – insbesondere der Führungskräfte. Kommunikation muss Spaß machen. Ausschließlich das Fach-Know-how bezüglich der Details der Produkte hilft nicht weiter.

Ihr drittes Standbein, Ihre Sozialkompetenz, benötigen Sie, um Ihrem Unternehmen trotz der eben genannten methodischen Aufgaben, Innovationen zu bescheren. Da Sie für die Ideenfindung kaum noch Zeit haben, sollten das Ihre Mitarbeiter erledigen. Ihre Kreativität muss delegiert werden. Erst wenn Sie es geschafft haben, dass Ihre wichtigsten Mitarbeiter fachlich, methodisch und im Kommunikationsprozess so effizient sind, dass Sie als Führungskraft eigentlich überflüssig sind, können Sie sich den nach außen gerichteten und übergeordneten Aufgaben widmen. Um die Mitarbeiter jedoch dahin zu bekommen, bedarf es der Führungsfähigkeit auf der emotionalen und sozialen Ebene.

Für jede Führungskraft waren schon immer fachliche, methodische und soziale Fähigkeiten erforderlich. Die Entwicklung unserer Volkswirtschaft verändert jedoch die Priorität dieser Fähigkeiten. Die Rangfolge ist ganz klar: Zunächst kommt Sozialfähigkeit, danach Methodenkompetenzen und dann erst fachliche Kenntnisse. Die wachsenden Entwicklungsgeschwindigkeiten und kürzer werdenden Lebenszyklen der Produkte zwingen Sie dazu, selbst immer weniger zu konstruieren, weniger eigene Ideen zu produzieren, dafür aber immer mehr koordinierende Aufgaben anzunehmen. Die Menge der Tätigkeiten kann nicht mehr von wenigen, sondern muss von sehr vielen, hochqualifizierten und eigenständigen, Menschen bewältigt werden. Darüber hinaus zwingt uns die Globalisierung einen Kostendruck auf, durch den wir genötigt sind, alle kostenbeeinflussenden Elemente der Produktion, der Logistik und des Services schon in die Konstruktion mit einfließen zu lassen. Ebenso ist der Zeitpunkt einer Innovation oft wichtiger als die technische Perfektion. Die Verluste durch eine verspätete Markteinführung aufgrund einer zusätzlichen Entwicklungsrunde, sind in den meisten Branchen kaum noch durch die nächste technische Applikation zu kompensieren. Wer nicht zeitgerecht auf den Markt kommt, ist weg vom Fenster. Ein zusätzlicher Aspekt ist die Austauschbarkeit von Entwicklungsstandorten in Großunternehmen. Produkte und deren Dokumentationen müssen nach vorgegebenen Methodiken durchgeführt werden, damit Baugruppen oder Produktteile beliebig an unterschiedlichen Standorten, die möglicherweise weltweit verteilt sind, konstruiert werden können. Kann ein Konstruktionsleiter diese Austauschbarkeit nicht gewährleisten, entsteht dem Unternehmen ein Schaden, den er durch technikverliebte und perfektionierte Konstruktionen nicht wieder gut machen kann. All das sind Gründe für die Veränderung Ihres Anforderungsprofils.

2 Nehmen Sie Ihre Rolle an?

Ob Sie diese neue Rolle annehmen oder nicht, bleibt Ihre eigene Entscheidung. Nehmen Sie sie an, gibt es konkrete Dinge, die Sie tun können. Um die methodischen Ansätze zu optimieren, bedarf es einer vorherigen Analyse, die von Ihnen selbst durchgeführt werden kann, und der konsequenten Einführung der methodischen Werkzeuge. Welche Methoden werden zur Zeit von Ihnen angewandt? Im Folgenden eine unvollständige Liste von praxisgerechten Konstruktionsmethodiken:

Projektmanagement, Quality Function Development, Simultaneous Engineering, Wertanalyse, Target Costing, konstruktionsbegleitende Kalkulation, Teileverwendungsnachweise, Produktstandardisierung usw.

Der erste Schritt der Analyse ist das Aufzeigen des zu erreichenden Zustands. Wollen Sie die Durchlaufzeiten in Ihrer Abteilung verbessern, die Kundenwünsche besser treffen, die Logistik- oder Fertigungskosten reduzieren oder Synergieeffekte zwischen den Produkten nutzen? Die Beschreibung eines Soll-Zustandes hilft dabei, die Analyse punktuell und zielorientiert durchzuführen. Geht es darum, die Teilevielfalt Ihres Hauses zu reduzieren, konzentriert sich die Analyse auf die methodischen Ansätze zum Vergleich vorhandener Teile. Sind Sie ein Sondermaschinenhersteller und wollen die Durchlaufzeit Ihrer Konstruktion reduzieren, sind die Analyseansätze in der Produktstandardisierung zu suchen. Die Bestandsaufnahme der vorhandenen Methoden sollte in jedem Falle schriftlich erfolgen. In der Regel sind Ihnen die eingesetzten Verfahrensweisen bekannt, so dass Sie sie eigenständig aufschreiben können. Ist das nicht der Fall, sollte diese Arbeit im Team zusammen mit Ihren Mitarbeitern erfolgen. Wichtig hierbei ist die Ehrlichkeit zu sich selbst. Haben Sie methodische Ansätze zur Produktkonstruktion vorgesehen, wenden sie aber nicht an, muss das klar dargestellt werden. Werden Verfahrensweisen nur von wenigen Mitarbeitern angewandt, so ist dies selbstverständlich auch in Ihrer Analyse zu beschreiben.

Nach der Analyse folgt selbstverständlich ein Maßnahmen- oder Konzeptplan, der den Weg vom Ist- zum Soll-Zustand beschreibt. Dies sollte im Team mit den Nutznießern der einzuführenden Konstruktionsmethoden erfolgen. Geht es, wie in dem oben erwähnten Beispiel, um Teilevielfalt, sollten bei der Beschreibung der einzuführenden Methoden die Lagerwirtschaft, die Logistik und die Beschaffung beteiligt werden, da für diese Disziplinen die Änderungen eingeführt werden. Oft ist es leicht zu erkennen, was zu tun ist, um in den gewünschten Zustand zu gelangen. Schnell entsteht eine Liste von Änderungsvorhaben bezüglich der Verfahrensweise in der Konstruktion. Hierbei ist zu unterscheiden, ob es sich um eine Liste von Zielen oder von Maßnahmen handelt. Wollen Sie beispielsweise für eine bestimmte Klasse von Aufgaben oder Aufträgen Projektmanagement einführen, ist das keine Maßnahme, sondern ein Ziel. Um dieses Ziel zu erreichen, bedarf es sehr vieler Maßnahmen, die aufgelistet mehrere Seiten füllen. Der Hauptunterschied zwischen einer Maßnahme und einem Ziel ist die Möglichkeit, einen realistischen Erledigungstermin abzuschätzen. Erledigungstermine von Maßnahmen sollten nur wenige Wochen in der Zukunft liegen. Wenn Sie die Durchführung einer Maßnahme erst in 12 Monaten geplant haben, handelt es sich mit an Sicherheit grenzender Wahrscheinlichkeit wieder um ein Ziel.

3 Was ist konkret zu tun?

Wie kommt man vom Ziel zur Maßnahme? Mit der Wie-Warum-Fragetechnik (Abb. 29). Wenn Sie ein Ziel formuliert haben, fragen Sie so oft „wie kann ich es erreichen?", bis mehrere Antworten vorliegen. Sind diese Antworten immer noch so allgemeingültig, dass sie nicht mit einem konkreten Erledigungstermin versehen werden können, ist die Wie-Frage zu wiederholen. Der umgekehrte Weg von der Maßnahme zum Ziel geht über die Warum-Frage. „Warum führe ich diese Maßnahme aus?" Weil ich ein bestimmtes Ziel verfolge. Es kann Ziele geben, die mehrere hundert Maßnahmen erfordern und dadurch die Gefahr bergen, dass man sich bei der Umsetzung verzettelt. Hier ist es wichtig, immer wieder Standortbestimmungen über die Warum-Fragetechnik durchzuführen. Erstens motiviert das die Beteiligten und zweitens schützt man sich davor, Aktivitäten voranzutreiben, die nicht direkt der Zielerfüllung dienen.

Haben Sie nach der Analyse, der Zieldefinition und der Maßnahmenformulierung nun das Konzept zur Einführung fehlender Konstruktionsmethodiken vorliegen, ist es wichtig, dass Sie die Maßnahmen in ein Wiedervorlagesystem integrieren. Hier sind Mahn- und Projektprogramme auf PC-Basis zu empfehlen. Die Umsetzung solcher Maßnahmen erfordert von Ihnen Disziplin und Durchhaltevermögen. In der Regel sind Konzeptpläne, wie ich sie oben beschrieben habe, über eine Zeitachse von mehreren Monaten gestreckt. Hier heißt es, dem Tagesgeschäft ein Schnippchen zu schlagen. Das ist ohne Wiedervorlagesystem unmöglich. Sollten bei der Umsetzung der Maßnahmen Unvorhersehbarkeiten auftreten, die Ihre ursprünglich gesetzten Termine verschieben, ist es wichtig, das Wiedervorlagesystem anzupassen. Wird ein Erinnerungssystem durch einen verpassten Termin ungültig und wird es dann nicht nachkorrigiert, ist es sofort wertlos. Alle Ihre ursprünglichen Bemühungen von der Analyse bis zur Maßnahmenformulierung waren dann umsonst.

Der zweite große Bereich, in dem Sie aktiv werden können, um die neue Rolle des Konstruktionsleiters anzunehmen, ist die Mitarbeiterförderung. Wie in den vorangegangenen Kapiteln schon beschrieben, geht es auch hier um eine Analyse, eine Konzept- und Maßnahmenplanerarbeitung. Die Analyse ist die Mitarbeiterbewertung. Der Maßnahmenplan sollte aus Schritten zur Mitarbeiterbefähigung und -förderung und aus Aktivitäten zur Anforderungsveränderung an Mitarbeiter bestehen. Nur wer hier konsequent am Ball bleibt, kann es schaffen, dass die Mitarbeiter eine Entwicklung erfahren, um die immer komplexer werdenden Aufgaben eigenständig bewäl-

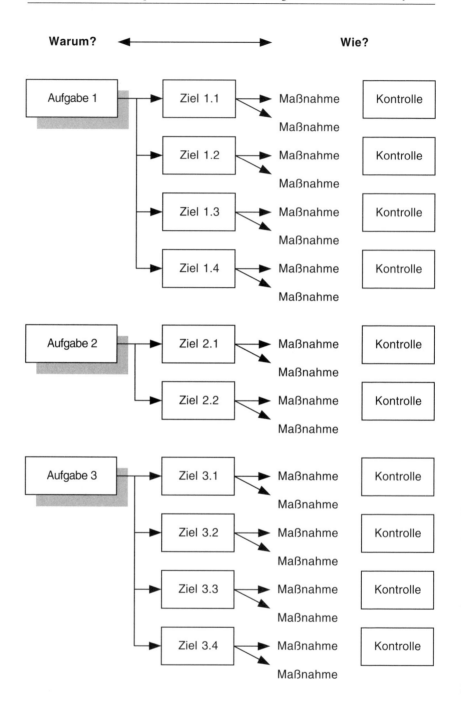

Abbildung 29: Von der Aufgabe zur Maßnahme über die Wie-Warum-Fragetechnik

tigen zu können. Idealerweise integriert man den Maßnahmenplan zur Mitarbeiterentwicklung in den zur Methodenimplementierung, da auch hier ein Wiedervorlage- oder Mahnsystem erforderlich ist. All diese Aktivitäten müssen durch Eigeninitiative Ihrer eigenen Person am Leben erhalten werden.

Der dritte große Bereich, neben der Methodeneinführung und Mitarbeiterförderung, ist das Management Ihrer eigenen Person. Der Anspruch an eine Führungskraft ist sehr vielfältig:

- Bearbeitung der anfallenden Aufgaben und Aufträge
- Initiative zur auftragsunabhängigen Entwicklung und Innovation
- Kommunikation und Beziehungspflege zu den Nachbarabteilungen oder anderen Bereichen
- Rapport und Kommunikation zu den übergeordneten Bereichen und Auftraggebern
- Pflege von Kunden, Lieferanten und außenstehenden Institutionen
- Public Relation für die Abteilung gegenüber Dritten
- Initiative zu Präventivmaßnahmen für den eigenen Bereich, wie zum Beispiel Einführung von Methoden und Pflege der eingesetzten technischen Hilfsmittel
- Pflege, Förderung und Forderung der eigenen Mitarbeiter
- Betreuung der Veränderung und Entwicklung der eigenen Abteilung
- usw.

Ihre Eigeninitiative ist gefragt

Lediglich die Punkte Aufgabenabwicklung und Rapport an den Chef sind Aufgaben, die von selbst auf Sie zukommen. Alles andere sind Tätigkeiten, die Sie eigeninitiativ anstoßen, durchführen und durchhalten müssen. Dazu bedarf es einer persönlichen Konstitution, die erhalten werden muss.

Der erste Faktor zum erfolgreichen Selbstmanagement ist die körperliche Fitness. Damit ist nicht gemeint, dass wir alle durchtrainierte Athleten sein müssen, sondern Ihr persönliches, körperliches Wohlbefinden muss stimmig sein. Ein ungepflegter und ausgemergelter Körper kann keinen leistungsfähigen und eigeninitiativen Geist beherbergen. Darüber hinaus werden die Stresshormone, die bei Anspannung im Job ausgeschüttet werden, am besten durch körperliche Betätigung abgebaut. Sind Sie mit einem abgespannten Körper nicht in der Lage, diese Betätigung durchzuführen, verbleiben die Stresssignalstoffe zu lange in Ihrem Körper und verschlimmern den Zustand des Ausgebranntseins. Ein negativer Kreislauf beginnt, der Ihre Anfälligkeit für Stress erhöht und dadurch Ihre körperliche Abgespanntheit weiter fördert. Wer diese Zusammenhänge außer Acht lässt und seinen Körper als Perpetuum mobile betrachtet, zahlt, schneller als er glaubt, einen hohen Preis. Dieser Preis kann bis zum Herzinfarkt oder Schlaganfall führen. Selbst wenn wir nicht so weit denken wollen, ist die körperliche Fitness ein Jungbrunnen für Ihre geistige Leistungsfähigkeit, Risikobereitschaft, Freude an der Arbeit und das Durchhaltevermögen.

Der nächste Aspekt beim Selbstmanagement ist die Fähigkeit, dass Beeinflussbare vom Nichtbeeinflussbaren zu unterscheiden. Wie oben schon beschrieben, kann man die vorhandenen Schwierigkeiten, die zu lösen sind, in Probleme der direkten, beziehungsweise der indirekten, Steuerung und in Probleme ohne Einflussmöglichkeit klassifizieren. Diese Grenze richtig zu ziehen, ist ein wichtiger Aspekt zur Führung der eigenen Person. Halten Sie zu viele Schwierigkeiten für unlösbar und bewältigen Sie diese deswegen nicht, kann Ihr Tun nicht von Erfolg gekrönt sein. Die Probleme bleiben unerledigt. Auf der anderen Seite bedeutet ein Zuviel an Bewältigungsversuchen tatsächlich unlösbarer Probleme die Verschwendung von Energie heißt deshalb „pathologisches Verhalten". Hier wird Ihre Energie für Dinge verbraucht, die es nicht würdig sind, bearbeitet zu werden. Versuche, unlösbare Aufgaben zu lösen, machen krank. Es ist wichtig, die richtigen Prioritäten zu setzen. Oft ist bei Führungskräften der Ruf nach einem besseren Zeitmanagement zu hören. Wenn auch Sie das Gefühl haben, Ihre Zeit besser einteilen zu müssen, sollten Sie nicht nach einer Optimierung Ihres Terminkalenders suchen, sondern nach einer veränderten Prioritätensetzung. Würden Sie zum Beispiel von Ihrem Vorgesetzten gebeten, Ihm für die nächsten drei Stunden bei der Ausarbeitung eines Vortrages behilflich zu sein, wäre die Wahrscheinlichkeit recht groß, dass Sie seinem Wunsch nachkämen. Sie haben also für ihn Zeit. Diese Zeit haben Sie, weil Sie Ihrem Vorgesetzten Priorität einräumen. Es gibt also niemals ein Zeit-, sondern immer nur ein Prioritätenproblem. Dennoch fühlen sich viele Führungskräfte in einer „Zeitfalle". Um dieser zu entfliehen, kann die schon oben beschriebene Differenzierung zwischen situativem und präventivem Handeln helfen. Jedes Problem, welches in einer konkreten Situation auftritt, bedarf einer situativen Abstellmaßnahme. Gleichzeitig sollte auch die präventive Maßnahme, um dieses Problem in Zukunft nie wieder auftreten zu lassen, formuliert und angestoßen werden. Geben Sie den Präventivmaßnahmen dann die Priorität, kann es sein, dass das vorliegende Problem nicht optimal gelöst wird, es aber anschließend nie wieder auftritt. Schaffen Sie es immer häufiger, so zu handeln, entschärft sich Ihr Zeitproblem. Diese Art des Denkens und Handelns ist Selbstmanagement. Wenn Sie alle Ihre Aktivitäten so ausrichten würden, als wollten Sie Ihre eigene Person überflüssig machen, würden Sie schnell in die Lage versetzt, mehr als nur die Abwicklung von Aufgaben zu tun.

Selbstmanagement ist aber nicht nur eine einsame Veranstaltung, sondern wird durch die Installation eines persönlichen Coachs beflügelt. Hiermit ist ein Ansprechpartner gemeint, der Ihnen hilft, auftretende Probleme, die möglicherweise als schier unlösbar erscheinen, zu besprechen und nach Lösungsansätzen zu suchen oder zu der Entscheidung zu kommen, sie nicht lösen zu wollen. Wer sich im Tagesgeschäft von einem Auftrag zum nächsten schwingen muss, verliert häufig den Zusammenhang zwischen dem oben Beschriebenen und der Orientierung der eigenen Person. Ein Coach kann dabei helfen, Sie immer wieder zu orientieren und Energie zu tanken. Wer kann ein solcher Coach sein? In der Regel sind Kollegen, auch wenn sie freundschaftlich verbunden sind, für diese Aufgabe ungeeignet. Häufig werden in Coachinggesprächen persönliche Schwächen diskutiert, die Kollegen in kritischen Situationen ausnutzen könnten. Ein guter Coach ist ein guter Freund, der Ehepartner/Lebensgefährte oder auch ein Berufskollege aus einer anderen Firma. Auch ein sich regelmäßig treffender Kreis von solchen Berufskollegen kann Coachingdienste leisten. Wichtig hierbei ist, dass nicht übers Wetter oder über Fußball geredet wird, sondern über die Probleme und Erfahrungen, die Sie als Führungskraft täglich bewältigen. Hier geht es nicht um Ratschläge von außen, sondern um das Sprechen über die sachlichen Elemente von Problemen, Ihre persönlichen Gefühle, die dabei aufgetreten sind und über mögliche Wege zur Bewältigung. In diesen Gesprächen werden keine Patentrezepte ausgetauscht, sondern Ballast abgeladen und Sie können Ihrem Herzen Luft machen. Führen Sie solche Gespräche im Kreis von Gleichgesinnten, kommt es häufig vor, dass die von Ihnen angesprochenen Themen auch auf ähnliche Erfahrungen Ihrer Kollegen treffen. Allein die Erkenntnis, dass Sie nicht der Einzige sind, der mit Schwierigkeiten als Führungskraft zu kämpfen hat, verhilft zu einer objektiveren Betrachtung der Situation. Auch Berater, so wie ich einer bin, stehen als Coachs zur Verfügung. Natürlich werden hierfür Honorare verlangt. Es gibt aber auch Coachs, die nicht aus Fleisch und Blut bestehen. Bestimmte Bücher über Führungstechniken oder menschliches Verhalten können ebenfalls einen Coachingeffekt haben. Wer hier seine Gefühle wiederfindet, fühlt sich genauso bestätigt wie von einem Kollegen, der gleiche Erfahrungen mitteilt. Auch Seminare über Führungstechniken oder die Führung der eigenen Person sind sehr gute Coachs. Ich empfehle Ihnen, sich einen oder mehrere Coachs anzuschaffen und diese in regelmäßigen Abständen zu frequentieren. Dadurch werden Sie in die Lage versetzt, das breitgefächerte Spektrum der Führungsaufgaben mit Spaß bewältigen zu können.

Wer die von mir beschriebene, neue Aufgabe des Konstruktionsleiters nicht wahrnehmen möchte, weil er lieber als „Oberkonstrukteur" die Technik handhabt, wird mit diesem breiten Spektrum nicht konfrontiert. Ich bin aber der festen Überzeugung, dass Unternehmen nur mit Führungskräften, die die neue Rolle des Managers wahrnehmen, wachsen können. Ich empfehle Ihnen daher, über Ihre Aufgaben als Führungskraft zu reflektieren und die neuen Aufgaben anzunehmen.

Literaturverzeichnis

Bauer, Werner: Mut zum Vertrauen, Frankfurt/Main 1996

Bay, Rolf H.: Zielorientiert führen, Würzburg 1994

Bayer, Hermann: Coaching Kompetenz, München/Basel 1995

Berger, Wolfgang: Business Reframing, Wiesbaden 1996

Blomeier, Ulrich: Wenn sich Gegner die Hände reichen (Fachaufsatz in manager & seminar) 1996

Bono de, Edward: Serious Creativity, Stuttgart 1996

Bono de, Edward: Laterales Denken, Düsseldorf/Wien 1992

Brommer, Ulrike: Konfliktmanagement statt Unternehmenskrise, Zürich 1994

Burow, Olaf-Axel: Die Individualisierungsfalle, Stuttgart 1999

Carnegie, Dale: Durch Menschenführung zum Erfolg, Bonn 1995

Clutterbuck, David: Empowerment, Landsberg/Lech 1995

Covey, Stephen R.: Die sieben Wege zur Effektivität, Frankfurt/Main 1994

Crisand, Ekkehard: Psychologie der Persönlichkeit, Heidelberg 1996

Csikszentmihalyi, Mihaly: Flow, Stuttgart 1993

Drüke, Helmut: Kompetenz im Zeitwettbewerb, Berlin/Heidelberg 1997

Egli, René: Das Lola-Prinzip, CH-Oetwil 1998

Goleman, Daniel: Kreativität entdecken, München, Wien 1997

Goleman, Daniel: Emotionale Intelligenz, München, Wien 1995

Goleman, Daniel: Der Erfolgsquotient, München, Wien 1998

Hofbauer, Helmut: Das Mitarbeitergespräch als Führungsinstrument, München, Wien 1999

Jonas, Hans: Das Prinzip Verantwortung, Frankfurt/Main 1984

Klose, Burkhard: Projektabwicklung, Wien/Frankfurt 1999

Krause, Donald G.: Die Kunst des Krieges für Führungskräfte, Wien 1996

Krusche, Helmut: Der Frosch auf der Butter, Düsseldorf/Wien 1992

Maslow, Abraham H.: Motivation und Persönlichkeit, Hamburg 1996

Maslow, Abraham H.: Psychologie des Seins, Frankfurt/Main 1997

Meier, Rolf: Führen mit Zielen, Regensburg/Düsseldorf 1998

Nidiaye, Safi: Führung durch Intuition, Kreuzlingen 1997

Osterhold, Gisela: Veränderungsmanagement, Wiesbaden 1996

Osterloh/Frost, Margit/Jetta: Prozessmanagement als Kernkompetenz, Wiesbaden 1996

Prost, Winfried: Führe dich selbst, Wiesbaden 1994

Rogers, Carl R.: Entwicklung der Persönlichkeit, Stuttgart 1994

Rogers, Carl R.: Die klientenzentrierte Gesprächspsychotherapie, Frankfurt/Main 1994

Sattelberger, Thomas: Die lernende Organisation, Wiesbaden 1996

Schreyögg, Astrid: Coaching, Frankfurt/Main 1996

Schuler (Hrsg.), Heinz: Organisationspsychologie, Bern 1998

Scott-Morgan, Peter: Die heimlichen Spielregeln, Frankfurt/Main 1995

Senge, Peter M.: Die fünfte Disziplin, Stuttgart 1996

Sprenger, Reinhard K.: Das Prinzip Selbstverantwortung, Frankfurt/Main 1994

Sprenger, Reinhard K.: Mythos Motivation, Frankfurt/Main 1997

Stroeber, Rainer W.: Grundlagen der Führung, Heidelberg 1999

Stroeber, Rainer W.: Führungsstile, Heidelberg 1996

Witt, Jürgen: Die erfolgreiche Führungskraft, Heidelberg 1998

Der Autor

Thomas Knoche, geb. 1960, hat als Maschinenbauingenieur – Konstruktionstechnik sechs Jahre in der Industrie als Konstrukteur und im Vertrieb gearbeitet. Seit 1991 ist er erfolgreicher Unternehmensberater auf dem Gebiet der Geschäftsprozessoptimierung und Personalentwicklung. Besonders die Prozesse und Mitarbeiter der Produktentwicklung und Konstruktion sind sein Betätigungsfeld.

Nach einigen Fachaufsätzen zu den Themen „Die neue Rolle des Konstrukteurs", „Organisation in der Konstruktion", „Rationalisierungspotentiale in Entwicklungsabteilungen", „Wertanalyse" und „Personalentwicklung" legt er mit diesem Buch ein Konzept für einen ganzheitlichen Führungsansatz im F+E-Bereich vor.

Wenn Sie weitere Fragen und Anregungen zum Thema haben, können Sie sich wenden an:

Dipl.-Ing. Thomas Knoche
Knoche & Partner Unternehmensberatung GmbH
Postfach 10 16 83
D-33516 Bielefeld

Telefon: (05 21) 87 00 50
Telefax: (05 21) 87 00 30
E-Mail: knoche@knoche-partner.de